圖說歷史故事

隋唐五代兩宋

前　言

　　親愛的讀者，你們一定都很喜歡聽故事。實際上，所有的故事都可以歸為兩大類。一類是實實在在發生過的，一類是人們想像出來的。人們想像出來的故事，我們叫它童話故事、寓言故事、神話故事、傳說故事。當然，你也可以叫它上天入地故事、妖怪打架故事、蜜蜂蝴蝶故事等等，隨你樂意。然而實實在在發生過的故事，我們只能叫它「歷史故事」。

　　中華民族擁有五千年的歷史。五千年間發生過多少驚人、感人、迷人、駭人的故事！石破天驚的巨變，腥風血雨的災難，臥薪嚐膽的修練，嘔心瀝血的追求，山高水長的情誼，出泥不染的潔淨……它們個個可歌可泣，令人永生難忘，而從這些故事中，又走出多少活生生的歷史人物。充滿智慧的姜子牙，叱吒風雲的楚霸王，氣節如虹的蘇武，料事如神的諸葛亮，精忠報國的岳飛，大義凜然的文天祥，勇抗倭寇的戚繼光，遠渡重洋的鄭和……他們個個可敬可愛，令人蕩氣迴腸。所有這些故事和人物，對一代又一代的子子孫孫產生了巨大影響。它們所呈現的內在精神，已經溶化在我們的血液中，成為中華民族文化傳統的一部分。

　　有趣的歷史故事就像一粒粒珍珠，散落在廣闊的時間長河中。這套《圖說歷史故事》，則揀取了歷史長河中最大、最亮、最惹人喜愛的80顆珍珠，編綴成4條閃光的項鏈，獻給所有熱愛歷史與文化的讀者，特別是喜歡聽故事、讀故事的孩子們。它的語言簡練流暢，故事情節曲折有趣，對眾多歷史人物有生動的刻畫，對歷史的發展脈絡也有清楚的交代。

　　特別值得一提的是本書的插圖。它以傳統繪畫技法為主，畫面大，色彩豐富，構圖變化多端。在描繪不同朝代的建築、器物和服飾時，繪者查閱了大量資料，以求具有歷史根據。其人物造型，則注重表現個性，動作活靈活現。可以說，本書243幅精美的插圖，不僅為不同故事營造了不同的歷史環境氛圍，它們本身也是值得欣賞的藝術品。

　　聽想像故事，能讓人感受快樂，享受美好童年；讀歷史故事，會使人變得智慧、勇敢，進而培養永不言敗的堅強人格。看到這本文圖雙工的《圖說歷史故事》，你一定會愛不釋手！

目　錄

　　淝水之戰使前秦元氣大傷，政權很快瓦解。西元436年，鮮卑族首領拓跋矽建立的北魏政權統一了北方地區。此後，中國北方經歷了北魏、東魏、北齊、西魏和北周5個朝代。與此同時，中國南方自東晉滅亡後，又經歷了宋、齊、梁、陳4個朝代。

　　西元581年，北周大將楊堅推翻北周政權，建立隋朝。西元589年，隋文帝楊堅派兵攻克建康城，俘獲了陳後主。陳朝的滅亡，結束了中國自東晉以來270多年的分裂局面，南北重新統一。

　　隋文帝治國有方，隋朝政治清明，經濟繁榮，國勢強盛。可是後來皇位繼承人的選擇出了問題，隋朝因此成為只傳了兩代的短命王朝。

　　隋文帝本來立大兒子楊勇為太子，可是被封為晉王的二兒子楊廣奸詐陰險，詭計多端，時時圖謀取代楊勇的太子位置。隋文帝崇尚節儉，楊廣便處處做出不好聲色，生活簡樸的樣子，以討取父親的歡心。對獨孤皇后，楊廣更是恭敬得不得了，凡是皇后派來的人，不論地位高低，他和妻子都親自設宴招待。他還想辦法去結交、籠絡執掌權力的大臣。這樣，大臣們都說他仁義厚道，皇后也對他更加疼愛。

　　楊勇卻糊塗任性。他因為生活奢侈，漸漸失去父親的歡心；又因為寵愛一個美麗的姬妾受到了母親的冷落 —— 獨孤皇后最痛恨的就是男人寵愛小老婆。所以太子的地位越來越不穩固。

　　楊廣覺得有機會了，便加緊動作。有一次，楊廣要離開京城，回到他鎮守的揚州。臨行前他去向母親告別，故意裝出難捨難分的樣子，一把鼻涕一把眼淚地說自己並沒有得罪太子，但太子非要害死他不可，他怕再也見不到母后了。獨孤皇后一聽，也禁不住哭了，一邊安慰楊廣，一邊狠狠發話：太子無才無德，一定要廢掉他！

　　可是，廢立太子是國家的頭等大事，不用陰險毒辣的手段就不可能成功。楊廣一回到揚州，就向他的心腹宇文述詢問計謀。狡猾的宇文述說：「能讓皇上廢掉楊勇的只有一個人，那就是越國公楊素。楊素最信任他的弟弟楊約，我恰好和楊約有交情。可以到京城和他一起計劃一下。」楊廣非常高興，立即讓宇文述帶了許多奇珍異寶，到長安去進行。

宇文述到了長安，請楊約喝酒。他知道楊約最愛古董，便事先把帶來的珍寶擺放在顯眼的地方。果然，楊約一看見就被吸引住了，放下這件又拿起那件，愛不釋手。酒後兩人下棋，宇文述提出用這些珍寶做賭注。他故意連輸幾局，一大半珍寶都歸了楊約。楊約樂得合不攏嘴，宇文述趁機說：「這些東西都是晉王讓我送給你的。」楊約十分吃驚，忙問這是什麼意思。

宇文述不慌不忙，先說了楊廣的一大堆好處，然後轉入正題：「你們兄弟長時間執掌大權，得罪了許多人，尤其是太子，對你們恨得咬牙切齒。一旦皇上歸天，太子即位，你們就不害怕？」楊約忙問：「你有什麼高見？」宇文述貼在他的耳邊說：「現在皇上和皇后都有意廢掉太子，改立晉王。這就全仗你兄長的一句話了。事成之後，晉王必定會對你們兄弟感激不盡，天大的富貴在等著你呢，這點小古董又算什麼！」一席話說得楊約不住地點頭，答應儘快去勸說兄長。

楊約見到哥哥，添油加醋地轉述了宇文述的意思。楊素被他說得也動了心，還直誇楊約想得周到深遠，並答應及早動手，以免自家大禍臨頭。

幾天後，越國公楊素見到皇后，一個勁兒地誇讚楊廣仁孝恭儉，很像當今皇上。獨孤皇后面露欣慰，可是聽著聽著又掉下淚來，大罵太子無才無德。楊素摸準了皇后的心思，趁機說了太子不少壞話。兩人一拍即合，加緊了廢立太子的行動。楊素和皇后玩弄陰謀，終於使隋文帝相信太子對他心懷怨恨，須多加提防。於是隋文帝如臨大敵，暗中派了許多人監視楊勇。

接著，楊廣又收買了太子的親信姬威，讓他向隋文帝揭發說：「太子曾經找人算卦，然後高興地說，開皇十八年皇上必死，我即位的日子眼看就要到了！」隋文帝十分傷心，流著淚說：「想不到太子這樣狠毒啊！」於是下令把楊勇抓起來，並在西元600年下詔書，另立楊廣為太子。

4年以後，隋文帝得了重病。楊廣巴不得父親早死，自己早日登基，就寫信向楊素問計。楊素把計謀寫好，沒想到這封信被錯送到隋文帝手裡。隋文帝看後勃然大怒，很後悔立了楊廣這個奸惡之人，可是事到如今，一切都由不得他了。正在這時，隋文帝寵愛的陳夫人氣喘吁吁地跑來，哭著說：「太子無禮！」原來楊廣見陳夫人漂亮聰慧，早就垂涎三尺，現在見文帝活不長了，就趁陳夫人換衣服時跑去調戲她。隋文帝氣得拍床大叫：「無恥的畜生！他怎麼能擔當治國大任！快去叫我的兒子！」身邊的大臣柳述、元岩正要去召楊廣，隋文帝連連擺手，臉憋得通紅，半天才說出話來：「楊勇！」二人連忙去起草聖旨，召楊勇入宮。

楊素很快得到了消息，立即派人叫來楊廣，兩人合謀，先假傳聖旨逮捕了柳述和元岩，同時派兵守住大殿內外，把宮裡的人都關進一間屋子。接著，楊廣讓自己的親信張衡去「侍侯」皇上。張衡暗藏匕首闖進皇帝的寢宮，殺死了隋文帝。外面的人們只聽到一聲慘叫，然後半天沒有聲息。過了一會兒，只見張衡從宮中奔跑出來，大聲宣佈說：「皇上已經升天了！」人們都大驚失色，明白皇帝是被害死了，可是誰也不敢說什麼。

隨後，楊廣派楊約假傳聖旨，勒死了楊勇。陳夫人以為自己也活不成了，沒想到楊廣給她送來一個金盒子，裡面裝著幾枚同心結。這時的楊廣完全暴露出他荒淫奢侈的醜惡嘴臉，恨不得把父皇後宮裡的美人統統收歸自己所有。

不久，楊廣便登上了皇帝寶座——他就是歷史上有名的暴君「隋煬帝」。

楊廣當了皇帝以後，一改隋文帝廉潔、儉樸、愛民的作風，開始大肆鋪張，盡情享樂。

他一上臺就下令營建東都洛陽，修建了高大華麗的宮殿和佔地2000多畝的大花園。緊接著又強令百萬民夫挖掘大運河。他乘船巡遊江南時的奢侈豪華更是自古未有，龐大的皇家船隊在運河裡綿延不斷，竟達200多里！隋煬帝還連續3次發動對高麗（在今朝鮮半島）的戰爭，徵調人民在海口造船。工匠們不分晝夜地站在水裡工作，腰部以下都腐爛生了蛆。無數的人被奪去了性命。為了逃避繁重的徭役、兵役，許多人甚至砍掉自己的手腳，自願變成殘廢。

老百姓苦不堪言，忍無可忍，終於起來反抗了。西元611年，長白山農民首先起義，各地農民紛紛響應。經過幾年戰鬥，各路農民軍逐漸匯合成3個強大的起義軍集團，即翟（音 ㄓㄞˊ）讓、李密領導的河南瓦崗軍，竇建德領導的河北軍，杜伏威領導的江淮軍。其中聲勢、影響最大的，要數瓦崗軍。

瓦崗在今天河南滑縣南邊，地形複雜，林木繁茂。翟讓原是縣裡的一名小官，因為得罪了上司，被關進監牢。管監獄的人佩服他是條漢子，偷偷把他放了。翟讓便帶著哥哥、侄子等人上了瓦崗，招集破產農民，舉起

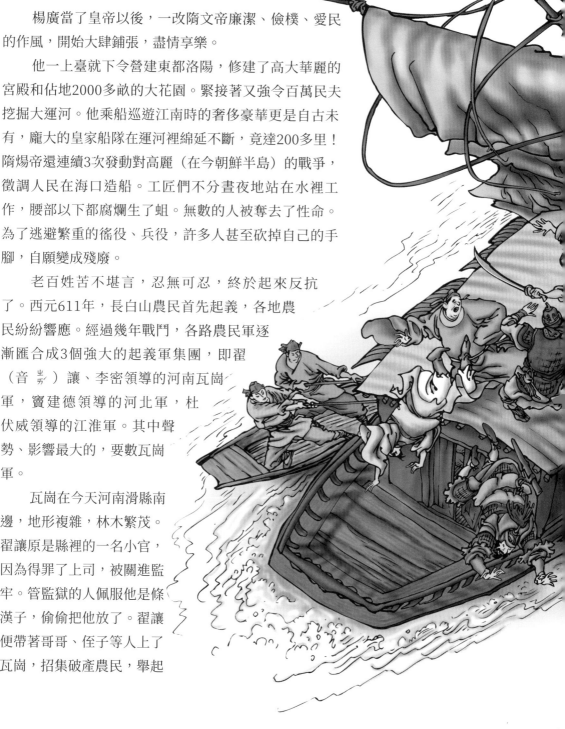

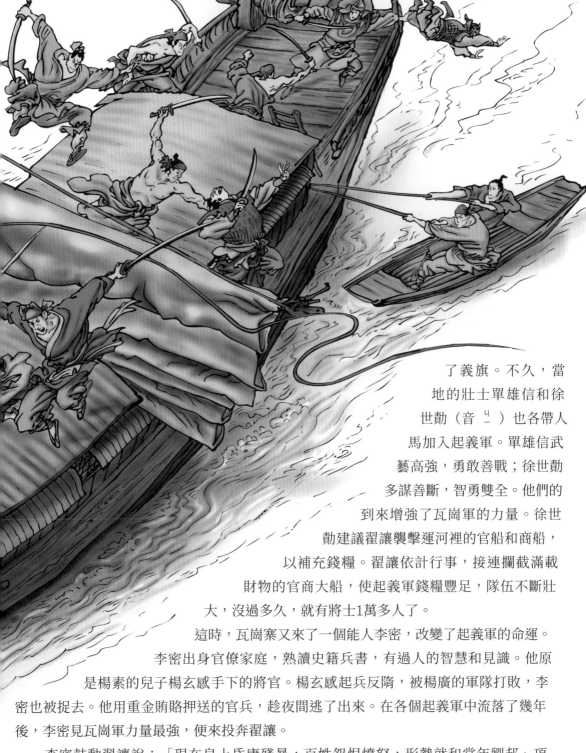

了義旗。不久，當地的壯士單雄信和徐世勣（音ㄐㄧ）也各帶人馬加入起義軍。單雄信武藝高強，勇敢善戰；徐世勣多謀善斷，智勇雙全。他們的到來增強了瓦崗軍的力量。徐世勣建議翟讓襲擊運河裡的官船和商船，以補充錢糧。翟讓依計行事，接連攔截滿載財物的官商大船，使起義軍錢糧豐足，隊伍不斷壯大，沒過多久，就有將士1萬多人了。

這時，瓦崗寨又來了一個能人李密，改變了起義軍的命運。

李密出身官僚家庭，熟讀史籍兵書，有過人的智慧和見識。他原是楊素的兒子楊玄感手下的將官。楊玄感起兵反隋，被楊廣的軍隊打敗，李密也被捉去。他用重金賄賂押送的官兵，趁夜間逃了出來。在各個起義軍中流落了幾年後，李密見瓦崗軍力量最強，便來投奔翟讓。

李密鼓動翟讓說：「現在皇上昏庸殘暴，百姓怨恨憤怒，形勢就和當年劉邦、項羽起兵滅秦的時候一樣。憑您的才幹和精銳的兵馬，完全可以席捲二京（指長安、洛

陽），滅亡隋朝啊！」翟讓等人造反只是為了活命，根本沒想到要打天下做皇帝。李密的話使他們大開眼界，大家對李密十分欽佩。

　　李密見河南的起義軍各自為戰，容易被各個擊破，就說服附近的許多小股義軍歸到翟讓旗下。瓦崗軍人馬越來越多，糧食成了問題。李密說：「滎陽糧食很多，我們要是打下了它，就可以在那裡休整，然後再想辦法向外發展。」翟讓覺得很有道理，就出兵進攻滎陽，並很快打下附近的幾個縣。大家正在高興，忽然有消息說楊廣派張須陀帶領大軍來救滎陽。張須陀是隋朝有名的猛將，打仗非常厲害，長白山的起義軍就是被他鎮壓的。他還幾次打敗過翟讓。所以，瓦崗軍一聽說張須陀來了，上下都很慌張。

　　李密卻說：「張須陀有勇無謀，又經常打勝仗，一定很驕傲。我們可以用計破他！」他請翟讓領兵前去迎戰，自己帶領一支部隊，埋伏在大海寺北邊的一處樹林裡。

張須陀根本不把翟讓放在眼裡。翟讓也真的好像不堪一擊，兩軍一接觸，他就敗退下去。張須陀哪裡肯放，緊緊追趕上來。追到大海寺的北邊時，突然喊聲大作，埋伏在這裡的瓦崗軍殺了出來。翟讓也回頭一陣猛衝。張須陀被圍困，急忙下令撤軍，可是退路早被截斷。隋軍亂成一團，被殺得屍橫遍野，張須陀也送了命。

　　瓦崗軍終於取得了起義以來的第一次大勝利，從此聲威大震。

　　西元617年春天，河南發生了嚴重的春荒，成千上萬的飢民四處流落，每天都有許多人餓死。隋朝政府設在河南的大糧倉有好幾個，僅洛口倉內就有3000個大窖，每個窖裡

儲藏著8000石糧食，卻不肯開倉放糧，賑濟災民。於是李密建議趁隋煬帝外出巡遊，洛陽空虛，攻打河南的洛口倉，將得到的糧食救濟災民，以擴大影響力，使更多的人加入瓦崗軍。

翟讓同意了李密的建議。他和李密帶領7000精兵，激戰後佔領了巨大的洛口糧倉。李密命人打開倉門，讓飢餓的農民們自己進去拿米。老百姓無不歡欣鼓舞，熱烈擁護瓦崗軍，紛紛要求加入起義的隊伍。瓦崗軍很快發展到幾十萬人。

翟讓看到李密很有政治眼光，又屢建奇功，就把瓦崗軍的領導權讓給了他。李密自稱「魏公」，兼任「行軍元帥」，將洛口城作為大本營，建立了政權。瓦崗軍同時發佈了討伐隋煬帝的檄文。文告中說：「用盡南山的竹子，寫不完他的罪狀；用盡東海的清水，洗不清他的惡行！」號召民眾起來推翻隋王朝。

瓦崗軍的聲勢越來越大，南北起義軍紛紛前來歸附，李密成了中原義軍的領袖。在起義軍的猛烈攻擊下，隋朝的統治土崩瓦解，許多地方官也起兵反對隋煬帝。隋朝大將宇文化及趁機發動兵變，殺死了楊廣。

可是就在隋王朝的統治即將垮臺的時候，瓦崗軍內部卻出了事。由於起義軍節節勝利，李密驕傲自大起來。瓦崗軍的一些元老對他很不滿，紛紛鼓動翟讓奪回李密手裡的大權。翟讓講義氣顧大局，並沒有多想。李密卻怕翟讓來搶權，就在一次精心佈置的宴會上痛下毒手，謀殺了翟讓兄弟及其親信，還把徐世勣砍成重傷。這次內訌破壞了瓦崗軍的團結，損傷了李密的威信，軍心開始瓦解。

後來，李密與隋朝大官僚王世充的軍隊在洛陽附近展開拉鋸戰，最終戰敗。李密走投無路，投降了李淵的唐軍。轟轟烈烈的瓦崗起義終於失敗了。

太原起兵

　　農民大起義爆發後，隋煬帝派唐國公李淵到太原做留守，鎮壓當地的農民起義，並防衛突厥人的入侵。李淵看到起義軍越打越多，越打越強，隋朝政權已在風雨飄搖中，心裡很矛盾，不知該何去何從。隋煬帝對李淵並不放心，他另外又任命了兩個親信王威、高君雅做太原副留守，監視李淵。李淵很害怕，經常借酒澆愁。

　　李淵的二兒子李世民剛剛18歲，是個志向高遠、有膽有識的英武青年，也駐守在太原。面對天下大亂的形勢，他意識到隋朝已經無藥可救，此時正是轟轟烈烈做一番大事業的時機。於是他多方結交英雄豪傑，和許多有本領的人成了朋友。晉陽縣令劉文靜便是其中之一。

　　劉文靜是李密的姐夫，李密參加反隋起義軍後，他受牽連被關進監獄。李世民到監牢去看他。劉文靜故意嘆氣說：「如今天下大亂，恐怕沒有漢高祖、漢武帝這樣的人才來安定天下了。」

　　李世民說：「我冒險來探望你，就是要和你商量大事呀！」劉文靜說：「現在皇上南巡江淮，李密領兵逼近東都，各地都有人造反，正是起兵的好機會。我在這裡做了幾年縣令，知道這一帶有許多英雄豪傑。這些人招集起來就是10萬人馬，加上你父親的幾萬人，可乘虛而入打進關中，奪取江山！」李世民聽了非常高興，說：「這正合我的心意。只是父親是朝廷命官，不會輕易起兵反隋，這該怎麼辦呢？」劉文靜讓李世民把耳朵湊近來，悄悄給他出了個主意。

　　晚上，李世民壓低聲音對父親說：「現在皇上暴虐，民不聊生，我們不如順民心，興義兵，這真是天賜的好機會呀！」李淵一聽，果然大吃一驚，罵道：「畜生，你怎麼敢說這種話！小心我帶你去報官！」李世民的試探只能到此為止。

　　李淵嘴上狠狠訓斥了李世民，心裡卻不得不承認兒子說得對。他是隋朝高官，早已在官場上混得

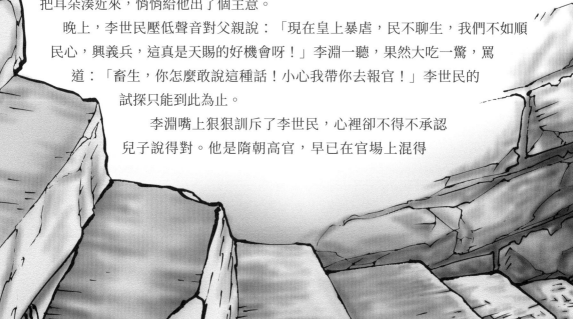

老奸巨滑，雖然對時局看得很清楚，知道如今天下大亂，正是憑藉實力搶奪天下的好機會，但他行事小心謹慎，生怕輕舉妄動招來大禍，所以當頭潑了一盆冷水，讓熱血沸騰的李世民冷靜下來。

晉陽宮是隋煬帝的一處行宮，雖然隋煬帝並不常來，設備卻也一切俱全，禁衛軍、宮監、宮女等一年到頭都得預備著。副監裴寂和李淵交情不錯，兩人經常在一起喝酒。李世民派親信帶了很多錢去和裴寂賭博，故意把錢全輸給了他。裴寂明白這筆錢是李世民送的，心裡非常感激。兩人關係越來越密切，彼此無話不談。

有一天，趁裴寂玩得正高興，李世民把自己的打算告訴了他，請他想辦法讓父親下決心起兵反隋。裴寂明白隋朝已經走上了絕路，李淵不會久居人下，在這天下大亂的時候，他不保證就是「一塊能下雨的雲」，於是滿口答應。

裴寂請李淵到晉陽宮喝酒。李淵心裡不暢快，沒喝多少就醉得不省人事。裴寂把他扶到一間臥室裡，又偷偷地讓兩個漂亮的宮女陪他過夜。第二天早晨，李淵酒醒，突然發現身邊竟然躺著兩個宮女，不禁大吃一驚！心想，皇上若知道這件事，那真是跳進黃河也洗不清啊！急忙將兩個宮女打發走了，一個人呆呆地發愣。

從此以後，李淵一想到宮女的事就渾身出汗，憂愁得吃不下，睡不好，生怕走漏風聲招來大禍。可是沒過幾天，裴寂就氣急敗壞地跑來對李淵說：「壞了壞了！我送你兩個宮女的事洩露出去了！」李淵登時嚇出一身冷汗，哆哆嗦嗦地說：「私佔皇帝宮女是滅族大罪，這可怎麼好哇？」裴寂見他嚇得目瞪口呆，不慌不忙地說：「二公子正在暗中招兵買馬，準備起義，就是怕這事敗露全家人被殺啊！」李淵沉思了好久，才無可奈何地說：「事情到了這種地步，也只有儘早下手拚一拚了。」嘴上雖這樣說，心裡卻還在猶豫。

恰在這時，突厥兵又來侵擾邊境，李淵派兵抵抗，卻不斷吃敗仗。有消息說皇帝很生氣，已經派人來抓他治罪。李淵心裡更慌了。

這一天，李淵正焦躁地在屋裡走來走去，李世民闖了進來，十分大膽地說：「父親，大禍臨頭了！若不當機立斷，只怕後患無窮啊！」李淵問：「你說該怎麼辦？」李世民說：「朝廷下命令了，要父親出兵去鎮壓反賊。可這反賊越來越多，父親無論打勝打敗，都不能改變天下大勢。不如順應民心，舉兵反隋，奪取天下。也只有這樣，我們才躲得開眼前的大禍。」李淵還在猶豫，李世民又憂心又著急，流著眼淚一再督促父親趕快行動，一連勸了兩天，李淵終於下定了決心。他嘆著氣說：「就聽你的吧！從此以後家破身亡由你，化家為國也由你。」

由於擔心在長安的家人被害，李淵又立即通知長子李建成、三子李元吉等人快來太原，一同起兵。

李淵把劉文靜放了出來，讓他幫助李世民招募人馬。為了進一步激起百姓對隋煬帝的憤恨，李淵又讓劉文靜假傳聖旨，說要再次徵調壯丁去打高麗。以前征高麗的士兵都有去無回，人們更加痛恨朝廷，都想奮起反抗。

　　李淵擔憂起兵南下後突厥又來搗亂，就讓劉文靜帶著厚禮去講和，許諾了很多好處，約他們一起反隋。突厥見有利可圖，就答應了。

　　為了防止瓦崗軍首先進入關中，李淵又給李密寫信，表示了自己的欽佩之情。李密看信後很高興，對李淵不再有戒備之心。

隋煬帝的親信王威和高君雅發現李淵的行動十分可疑,便密謀殺害李淵。但還沒來得及動手事情就敗露了。李淵先發制人,捏造了個通敵賣國的罪名,把他們兩人殺了。

不久,李建成等人也趕到了。李淵看到一切準備就緒,便正式起兵,號稱「唐軍」。他自封大將軍,任命李建成和李世民為左右領兵大都督,把兵士稱做「義士」。3萬「義士」離開太原,殺向長安。李淵一路上招兵買馬,並學農民起義軍的做法,打開官倉,救濟貧民,爭取人心,使自己的隊伍不斷擴大。

唐軍到了霍(音ㄏㄨㄛ)邑,遭到隋朝將軍宋老生的攔擊。又逢連日陰雨,軍糧斷絕,士兵中還傳言突厥要乘虛攻擊太原,李淵害怕太原有閃失,便想撤兵。這天夜裡,李淵被帳外的哭聲驚醒,出來一看,竟是李世民在放聲大哭。問他哭什麼,李世民回答說:「現在前進就能取勝,後退就會潰散,敵人趁勢來攻擊,我們就前功盡棄了。我怎麼能不悲傷呢?」李淵醒悟過來,取消了撤兵的打算,全力攻打霍邑。結果宋老生被殺,霍邑被攻克,唐軍聲威大震,所向披靡。

李淵打進長安後,立即宣布廢除隋王朝的苛刻法令,暫時立隋煬帝的孫子楊侑做掛名皇帝。第二年,隋煬帝在江都被殺,李淵就廢掉楊侑,自己做了皇帝,史稱「唐高祖」。

隋朝滅亡,唐朝建立,歷史掀開嶄新的一頁。

唐高祖登基後，按老規矩封李建成為太子，李世民為秦王，李元吉為齊王。自從太原起兵，李建成和李世民都曾統領軍隊，立過不少戰功，收羅了不少文武人才。比較而言，李世民戰功更卓著，手下的人才也更多、更強。李建成大部分時間在京城協助父親處理政事，軍功和威望都比不上李世民。他見李世民的勢力越來越大，對自己構成了強而有力的威脅，心裡十分焦慮。

血濺玄武門

為了保住太子的位子，李建成一方面拉攏李淵的寵妃張婕妤和尹德妃，另一方面又聯合齊王李元吉，共同對付李世民。李建成讓張婕妤和尹德妃經常在李淵面前說李世民的壞話，想借父親的手除掉李世民。

有一次，兄弟三人跟隨父親到城外打獵，李淵讓他們騎馬比箭。李建成故意讓李世民騎他的馬，說這馬一躍能跨過幾丈寬的深澗。李世民剛騎上去，那馬就狂蹦亂跳，他只好下來。等馬安靜了再騎上去，那馬又烈性大發，想讓他跌下來。李世民努力了幾次才制伏了這匹馬。事後，他對人說：「有人想借這匹馬害我，豈不知生死有命，怎麼害得了我呢！」

太子知道了，就透過張婕妤傳話給李淵：「秦王太狂妄了，竟然自稱有天命，註定不死，一定會坐天下的。」李淵一聽十分惱怒，召來李世民訓斥說：「天子是上天決定的，不是耍一點小聰明就能得到。你想當天子的心情也太急迫了！」李世民再三解釋，李淵就是不聽。正在這時邊防傳來急報，突厥又來入侵。李淵的態度這才和緩下來，讓李世民領兵去打突厥。

打退突厥後，李淵的怒氣消了，可是兄弟之間的矛盾卻加深了。李建成見只靠皇上很難奏效，就決定親自動手除掉李世民。

這一天，太子和齊王邀李世民到東宮喝酒，慶賀打敗突厥得勝歸來。李世民喝了幾杯，忽然感到肚子疼，喉嚨癢癢，非常難受。他懷疑酒裡有毒，便沒敢再喝，掙扎著回到家，吐出幾口鮮血，趕緊請醫吃藥。幾天後，他才慢慢好了。

暗害不成，太子和齊王想直接除掉李世民，可是李世民手下猛將如雲，他們知道很難佔到便宜，就鼓動皇上，把秦王的心腹都調到外地去做官。他們還想收買秦王府的勇將，讓李世民孤立無助，方便他們下手。

秦王府的猛將中，太子最想拉攏的是尉遲敬德。他私下給尉遲敬德寫了一封信，表示友好，還送去滿滿一車金銀。沒想到卻遭到了拒絕。太子氣得變了臉色，派刺客去殺尉遲敬德。尉遲敬德早有準備，大開著門戶躺在床上，身邊放著一桿讓人喪膽的長矛。刺客心裡害怕，轉來轉去不敢下手。

這時突厥又來入侵，太子趁機推薦李元吉領兵出征，並讓他奏請皇上，調秦王府裡的主要將領一同上前線。他們還策劃在為李元吉餞行時，勒死李世民。

李世民耳目眾多，很快便得到消息。他本來想讓太子和齊王先動手，自己後發制人，以免落下壞名聲。可是秦王府裡上上下下都相當擔心害怕，催促他趕快下手。李世民終於不再猶豫，立即叫來謀士房玄齡和杜如晦，商量行動計畫。

唐高祖武德九年（西元626年）六月的一天，李世民親自向父皇上奏疏，說李建成和李元吉跟後宮的妃子們有勾搭，行為不軌，又說自己從來沒做過對不起兄弟的事，他們卻幾次謀害他。說完大哭起來。李淵非常吃驚，說：「你講的事情關係重大，明天召太子和齊王進宮，我要親自審問，辨明真假。」

當天夜裡，李世民調兵遣將，親自率領長孫無忌等人，埋伏在入宮必須經過的玄武門附近。

第二天天一亮，李建成和李元吉就帶著一些衛士走向皇宮，進入玄武門。

守衛玄武門的將領叫何常，原是太子的心腹，但已經被李世民收買了，他見太子和李元吉走進玄武門，隨即關上大門。太子和李元吉走到臨湖殿才感到情況異常，當

下立即掉轉馬頭，往太子住的東宮跑。可是已經晚了，只聽有人喊：「太子齊王，為什麼不去上朝？」回頭一看，正是對頭李世民。李元吉急忙取弓搭箭，連向李世民射了三箭，都被李世民輕輕撥過。最後一箭，李世民伸手接住，隨即取下自己的長弓，對準李建成，只一箭就把他射下馬來。太子當場喪命。

李元吉急忙往西逃，只見尉遲敬德策馬飛奔，

迎面而來，慌忙掉轉馬頭，恰巧撞上了追趕上來的李世民，兩
匹馬也撞在了一起，兩人同時被跌落到地上。李元吉
先爬起來，餓狼般撲過去，用弓弦猛
勒李世民的脖子。正在危急關頭，
忽聽一聲吼叫：「住手！」

　　李元吉嚇得一抬頭，
說時遲那時快，尉遲
敬德弦上的箭已射中李元吉的咽喉。
　　東宮和齊王府的將士聞訊趕來，
仗著人多，猛攻玄武門。李世民組織將士
拚命抵擋。東宮和齊王府的人奮力攻打了好一陣，也攻不進皇宮，於是呼喊著要
去攻打秦王府。尉遲敬德急中生智，割下太子和齊王的頭顱，掛在長矛上，挑起來給攻
門的士兵看。將士們頓時灰心喪氣，呼著四散逃命去了。
　　秦王兄弟三人你死我活地拚殺時，李淵正在宮裡的池塘中泛舟取樂。玩得正高興，
忽然看見尉遲敬德全副武裝闖了進來，不由吃了一驚，厲聲喝問：「你想幹什麼？」
　　尉遲敬德大聲說：「太子、齊王作亂，已經被秦王殺了。秦王怕驚動陛下，特地派
我來保駕。」唐高祖這時才知道外面出了大事，不由得大驚失色，呆若木雞！
　　這時，站在一旁的宰相蕭瑀等人趁機說：「李建成和李元吉嫉妒秦王功高望重，要
謀殺秦王，秦王這樣做也是不得已。陛下只要立秦王為太子，就什麼事也沒有了！」
　　事到如今，李淵已別無選擇，只好慘笑著說出違心的話：「我早就想這樣做了呀！」
　　三天後李世民當了太子。兩個月後他逼李淵退位，自己做了皇帝，就是著名的「唐
太宗」。

唐太宗的「鏡子」

　　魏徵是太子李建成的謀士，太子在位時，他曾極力勸說太子儘早除掉李世民，以免後患。李世民登上皇帝寶座後，聽說了這件事，大為惱怒，就把魏徵召來問罪。

　　魏徵見了李世民，只作了個揖，並不跪拜，態度還很硬。李世民更生氣了，板著臉厲聲問道：「你為什麼要在我們兄弟之間挑撥離間，製造是非？」

　　左右的大臣見李世民要算舊賬，都替魏徵捏一把汗。魏徵卻神態自若，從容地說：「太子要是聽了我的話，又怎麼會落到被殺的下場？當年管仲做公子糾的老師，也曾去刺殺齊桓公。人都是為自己的主子出力賣命，我又何必隱瞞這一點呢？」

　　魏徵的話出乎唐太宗李世民的意料，他一時竟無言以對。心想，此人說話直爽，個性正直，明知處境不利卻不畏懼，也不諂媚討好有權勢的人，正是自己治理國家需要的人才。於是唐太宗緩和了口氣，說：「也罷，那都是過去的事情了，今後誰也不要再提吧！」

　　唐太宗任命魏徵為諫議大夫，讓他多給自己提意見。魏徵果然盡職盡責，前後上諫200多次，指出皇上的過失，使他不犯或少犯錯誤。唐太宗曾經問魏徵：「歷史上的國君，為什麼有的明智，有的卻很昏庸？」魏徵說：「能夠多方面聽取別人的意見，就明智；只偏聽一方面的說詞，就昏庸。」魏徵還打了一個生動形象的比喻：「君主好像是船，百姓好像是水，水能托起船來，也能把船打翻。」唐太宗認為此話很有道理，便牢記在心，並經常用來教育太子。

不過，大道理是明白了，要真正做到卻不那麼容易。

西元626年，唐太宗派人徵兵。有人建議，不滿18歲的男子，只要身材高大也可以徵用。唐太宗同意了。但是詔書卻被魏徵一直扣住不發。唐太宗大發雷霆，把魏徵訓斥了一頓。

魏徵不慌不忙地說：「把池塘裡的水抽乾了抓魚，雖然得到了魚，可是以後再也沒魚可撈了。要是把年齡不足的人都徵來當兵，以後還有兵可以徵嗎？國家的租稅雜役又讓誰去負擔？」兩人爭論了半天，唐太宗心裡十分生氣，想要動怒，卻又怕毀了自己肯聽別人意見的好名聲。

回到後宮，他氣呼呼地咒罵：「早晚有一天我要殺了這個鄉巴佬！」

長孫皇后嚇了一跳，忙問：「陛下要殺哪個鄉巴佬？」

「還不是那個魏徵！他總對我嘮嘮叨叨，還當著眾位大臣的面侮辱我，氣死我了。我一定要殺死他，才能洩恨！」

長孫皇后聽了，一聲不吭回到自己房裡，換了一套朝見的禮服，走到皇上面前跪拜。唐太宗很吃驚，問：「你這是幹什麼？」皇后說：「我聽說天子英明，才會有正直的大臣。現在陛下有了魏徵這樣直言敢諫的大臣，正說明陛下聖明啊！我怎麼能不向陛下祝賀呢？」

皇后的話就像一盆冷水，一下子把唐太宗的怒火澆熄了。他轉怒為喜，誇讚說：「人家都說魏徵態度粗暴，現在看來，這正是他的可愛之處啊！」於是重新下詔，免徵不到18歲的男子。

從此以後，對魏徵的進諫，唐太宗總是耐著性子聽下去。

有一次，唐太宗接到十幾個州官的奏報，都說嶺南酋長馮盎反叛，便準備派大軍前去征討。魏徵勸阻說：「馮盎只是很久沒來朝貢，謀反跡象並不明顯。

人們都說他要反，他怕陛下殺
他，才不敢入朝。要是派一個
有威信的大臣，去嶺南表示朝廷
的至誠態度，不用發兵就能讓馮盎臣服了。」

　　太宗聽取了魏徵的建議，中止了發兵，並派了一個大臣去嶺南。
馮盎果然接受了朝廷的安撫，還派兒子來朝貢。太宗高興地說：

「一個魏徵勝過十萬大軍，真了不起呀！」

又有一次，唐太宗得到一隻很漂亮的小鷂（音 一ㄠˋ）鷹，非常喜愛，整天把牠架在胳膊上，逗著取樂。有一天玩得正高興，忽聽侍衛報告說魏徵有事入奏，唐太宗慌忙把小鷂鷹藏到胸口的衣服裡。

魏徵其實已經把這一切看在眼裡，卻假裝不知道。他跟唐太宗說了要說的事情後，故意又說了許多別的話，磨蹭著不走。唐太宗心裡發急，卻不便明說。等魏徵告退出去，唐太宗解開衣襟一看，心愛的小鷂鷹已悶死了。後來長孫皇后問起鳥死的原因，笑著說：「你這個皇帝呀，什麼都不怕，卻怕魏徵！」唐太宗也笑了。

唐太宗最疼愛的女兒長樂公主要出嫁，他為女兒準備的嫁妝比他妹妹的嫁妝多了一倍。魏徵認為這不合規矩，就提了意見。唐太宗很不高興，並把這事告訴了皇后。沒想到長孫皇后卻說：「我今天聽了魏徵的話，覺得他能用禮義引導陛下，原本是難能可貴的呀！」這時唐太宗也覺得魏徵的意見是中肯的，目光比自己遠大，於是傳旨減少了長樂公主的嫁妝。

因為有魏徵這樣直言敢諫的大臣，唐太宗避免了偏聽偏信，朝廷的重大決策很少有差錯，國家的安定繁榮也有了保證。由於唐太宗在位的年號為「貞觀」，人們便把初唐的這種興旺局面稱為「貞觀之治」。

西元643年，魏徵病死了。唐太宗非常傷心，流著淚說：「一個人用銅做鏡子，可以端正自己的衣帽；用歷史做鏡子，可以看到國家興亡的原因；用人做鏡子，可以知道自己做得對不對。魏徵一死，我就少了一面好鏡子啊！」

魏徵死後兩年，唐太宗發動了遠征高麗的戰爭，結果勞民傷財，損失慘重。回來的路上，唐太宗想起了魏徵，不由感嘆說：「要是魏徵在世，一定不會讓我這樣做的！」

文成公主進藏

唐朝初年，在青藏高原上崛起了一個少數民族國家——吐蕃。西元620年，論贊異囊統一了西藏各部，做了吐蕃的贊普（國王）。西元629年，論贊異囊死了，他13歲的兒子松贊干布繼位。松贊干布能文能武，不但精通騎馬射箭，還愛好民歌，善於吟詩。他把都城遷到邏些（今西藏拉薩），制定了官制和法律，建立了吐蕃奴隸制政權。

唐太宗當政時期，國家繁榮富強，人民安居樂業。松贊干布對唐朝十分景仰、羨慕，很希望跟唐朝建立友好關係。西元634年，他第二次派使者到長安訪問，唐太宗也派使者回訪。不久，松贊干布又派使臣帶著豐厚的禮品，向唐朝求婚。

把皇族的女兒嫁給外族，這是漢代以來歷代王朝都使用的一項外交政策，為的是安撫周邊少數民族，減少摩擦。可是這次唐太宗沒有答應松贊干布的求婚。吐蕃使臣回去後怕受贊普責備，就撒謊說這是另一個少數民族國家吐谷渾挑撥的結果。松贊干布十分生氣，馬上帶領大軍攻打吐谷渾，把他們趕到了青海。接著，他又把大軍帶到唐朝羌族部落的都督府松州（今四川松潘）城外耀武揚威，還威脅說：「不把公主嫁給我，我就一路打進去！」

唐太宗很生氣，當然不同意把公主嫁給他。結果松贊干布真的大舉進攻松州，打敗了唐朝守將。唐太宗立即出兵還擊，把吐蕃軍隊打得大敗，殺了1000多人。松贊干布害

怕了，趕緊向唐太宗請罪求和，並再次向唐朝求婚。唐太宗也想跟吐蕃和好，
這才答應了這門婚事。

西元640年，24歲的松贊干布派大論（即宰相）祿東贊帶著5000兩黃金和許多珍寶，到長安來迎娶唐朝的公主。

傳說當時不僅是吐蕃，還有好幾個國家派使臣來要求與唐朝聯姻。唐太宗一時斟酌不下，只好出了幾道難題，讓各國使臣回答，哪個使臣答得最好，唐朝就跟他的國家結親。

有一道題是用絲線穿過九曲明珠。明珠上的小孔曲曲彎彎的竟有9道彎，綿軟的絲線很難穿過。就在幾位使臣瞪著眼發愁的時候，聰明的祿東贊把絲線拴在一個小螞蟻的身上，把它放在孔道口，讓它引著絲線穿過了九曲明珠。

還有一道題，是要為100匹母馬和100匹小馬找到母子關係。幾位使臣牽著小馬去試探母馬，不是被咬就是被踢。祿東贊則把母馬和小馬分開圈起來，讓小馬餓了一天，第二天再把牠們放在一起。餓慌了的小馬都急匆匆奔到母親身下吃奶，各自的母子關係也就一目了然了。

最後一道題是從2000多個年輕貌美的女子中，找出誰是即將出嫁的公主。這自然也難不倒松贊干布的使者，他眼光敏銳，經驗豐富，一下子就把雍容大方的公主認出來了。

即將出嫁的文成公主既漂亮又聰慧。她聽說松贊干布文武全才，又懂漢語，很有作為，內心很傾慕，認為嫁給他，不僅自己終身有託，而且唐蕃和親也會給兩國帶來長遠利益。公主主動地向徐惠妃說了自己的想法，徐惠妃又告訴了唐太宗。唐太宗很讚賞文成公主有見識有勇氣，就為她準備了十分豐厚的嫁妝，除了金銀珍珠、綾羅綢緞，還包括吐蕃沒有的各種穀物、蔬菜種子、水果、茶葉、藥材、器具以及書籍等等。唐太宗還派江夏王李道宗親自護送她前往吐蕃。

貞觀十五年（西元641年）正月，文成公主帶著宮女、樂隊、工匠等人組成的一支龐大隊伍遠嫁吐蕃。

松贊干布親自帶領大隊人馬到柏海河源（今青海省）迎親，並舉行了隆重的婚禮。松贊干布見唐朝公主俊美，儀仗典雅，彩禮豐厚，十分歡喜。他穿上漢族的服裝，打扮成唐朝的駙馬，向李道宗行了女婿大禮。這時樂聲大作，樂隊一會兒演奏唐樂，一會兒演奏吐蕃樂，到處是一片歡騰的景象。

婚禮後，松贊干布和文成公主越過雪山，到了邏些。邏些人民就像過盛大節日一樣，載歌載舞，歡迎文成公主的到來。

松贊干布高興地說：「我的祖先沒有和上國通婚的，我能娶到大唐公主，實在是太榮幸了！我要給公主修築一座城池，讓子子孫孫知道我所感到的榮耀。」

於是，松贊干布讓工匠按照唐朝建築式樣，在邏些城為公主修建了城郭和宮室。相傳拉薩的布達拉宮就是從這時候開始建造的。

文成公主很有才能，她與松贊干布同心協力，立志改善吐蕃落後的面貌。那時吐蕃沒有曆法，以麥子成熟為一年的開始，文成公主就教會他們使用唐朝先進的曆法。吐蕃沒有文字，人們無論什麼事都用繩子打結或在木頭上刻符號來表示，文成公主鼓勵松贊干布設法造字。不久，30個字母及拼音造句的文法就創造出來，使吐蕃有了自己的文字。松贊干布認真學習新文字，還把這些字刻在宮殿的石壁上。他們用吐蕃文翻譯唐朝的各種經典著作，使吐蕃的文化快速發展。文成公主帶去的水磨，大受吐蕃人民歡迎，使他們學會了使用水力。公主和她的侍女還教吐蕃婦女學會了紡織和刺繡。

公主信仰佛教，在她的影響下，松贊干布提倡佛教，在邏些修建了大昭寺。

松贊干布還不斷派貴族子弟到長安求學，並聘請有學問的唐朝人到吐蕃掌管文書。後來又向唐朝要了許多蠶種，請來養蠶、釀酒、製碾磨、造紙墨的工匠，就連漢族平土種田的技術也學過去了。就這樣，先進發達的漢族經濟文化藉著文成公主進入西藏的機會，陸續傳入吐蕃，大大推進了吐蕃經濟和文化的發展，唐朝和吐蕃的關係也日益密切。貞觀23年，松贊干布接受了唐朝賜予他的「西海郡王」的封號。

　　西元680年，文成公主在邏些去世。她在吐蕃生活了整整40年，為吐蕃的發展做出了巨大貢獻，為兩族人民的友好關係豎立起一座豐碑。直到今天，在拉薩的布達拉宮和大昭寺裡，還供奉著文成公主和松贊干布的塑像。他們一直受到漢藏兩族人民的懷念和敬仰。

41

玄奘西天取經

《西遊記》中「唐僧取經」的故事在東方家喻戶曉，不過，真正的唐僧到西天取經時，並沒有能上天入地的徒弟跟著，更沒有觀音菩薩的暗中保護，他是靠著堅強的意志和驚人的毅力，才終於取得成功的。

唐僧原來姓陳，河南偃師人，是長安大慈恩寺的和尚，法名叫「玄奘」。他13歲就出家，靠著自己的聰明和刻苦，幾年後就精通了佛學經典《經藏》、《律藏》和《論藏》，所以人們尊敬地稱他「唐三藏」。那時佛教有不少流派，它們的經典流傳到中國的途徑不一樣，時間也有先後，再加上口授和傳抄時常有誤解和錯漏，所以經文的解釋十分混亂。玄奘發現了這些問題，開始發憤學習天竺（即印度）的語言——梵文，並決心去佛教發源地天竺求取真經。

幾年後玄奘學會了梵文，就聯絡了幾個夥伴，準備出國。可是他們申請通關的文書沒被批准。約好的同伴都退縮了，玄奘卻毫不動搖。貞觀元年（西元627年）秋天，他帶著兩個小和尚，混在返回西域的商人當中出了長安，逃過邊防關卡，到了玉門關附近的瓜州。

這時玄奘的馬死了，那兩個小和尚也被旅途的艱難嚇跑了。

幸虧州官李昌佩服他
萬里取經的勇氣，不但沒
有為難他，還告訴了他通過
玉門關的辦法。玄奘就變賣了衣
服，買了一匹瘦馬，趁黑夜混出了玉門關。

　　玉門關外是大沙漠，唐朝在沙漠中設有5座堡壘，每座相隔100里，中間沒有水源。

　　玄奘單槍匹馬闖進了大沙漠。這裡上無飛鳥，下無走獸，白天熱風如火，夜裡寒風似刀，不時能看見人獸的骨骸。玄奘艱難跋涉了80多里，來到第一座堡壘附近。他怕守衛的士兵發現，白天躲在沙溝裡，天黑時才走近堡壘去取水。突然，「咻咻」兩支箭落在了身邊，差點射中他的膝蓋。玄奘知道被守衛發現了，索性朝著堡壘擺著手大喊：「我是長安來的和尚，要去西天取經，請不要射箭！」

　　守衛把玄奘帶進堡壘，問清來歷後，都非常佩服他，指給他一條通向第四座堡壘的小路。第四座堡壘的守衛也很熱情地接待了他，並告訴他怎樣繞過守官很壞的第五座堡

壘。玄奘走得口乾唇裂，停下來喝水時，一失手把皮袋裡的水弄灑了！他想回第四座堡壘去取水，又想起自己出發前曾經發過誓：「不到目的地，絕不東歸一步！」於是咬咬牙掉轉馬頭，繼續西行。

　　玄奘在沙漠裡又走了5天4夜，第五個黑夜來臨時，終於支持不住，昏倒在地。不知過了多久，他被徐徐涼風吹醒過來，睜開眼，只見到處是漆黑一團，那匹瘦馬正在不安地踏蹄。他抓著馬尾巴掙扎著爬起來，一步步向前走。

　　天濛濛亮時，玄奘眼前豁然一亮 ── 老馬把他帶到了一片綠油油的草地上，那裡有一股清澈的泉水！玄奘發瘋似的跑過去，喝了個痛快。他又走了兩天，這才走出近千里的大沙漠，來到高昌國。

　　高昌國國王也信佛，他提供優厚的條件，請求玄奘留下來。但玄奘一定要去西天，國王只好請他講了1個多月的佛經，然後送了他許多金銀、絲絹、馬匹和20多個隨從，還寫了25封信，請沿途國王保護這位唐朝高僧。

　　玄奘帶領人馬走過莽原，渡過河川，翻過崇山峻嶺，闖過了一關又一關。這期間，他們只在翻越終年積雪的凌山時就走了7天，凍死了10多個人。

就這樣千難萬險地走了整整1年，玄奘終於到達了天竺。

西元631年，玄奘來到天竺佛教的中心和最高學府那爛陀寺。寺院主持戒賢是天竺的佛學權威，這位大學者已經100多歲了，多年不收徒講學。他欽佩玄奘遠道求學的精神，破例收玄奘為弟子，重開講壇，用15個月的時間，為他講解最難懂的佛經。

玄奘在那爛陀寺刻苦學習了5年，成績優異。寺中1萬多名僧人，能通曉50部佛教經論的只有10人，玄奘就是其中之一。後來，他又四方遊學，朝拜聖蹟，得到經法真諦，終於成為一代佛學大家。

摩揭陀國戒日王是個篤信佛教的國王，他決定舉行一個隆重的佛教學術大會，讓各派公開辯論，並特意請玄奘擔任主辯人。消息傳開，天竺十八國的國王和各地高僧6000多人都趕來參加。會中，玄奘用流利的梵語從容講經說法，口若懸河。大會進行了18天，所有的人都被玄奘征服了。戒日王讓他乘坐大象遊行，人們為他熱烈歡呼。

西元645年正月，玄奘帶著精心挑選的650多部經書，再一次歷盡艱辛，回到了離別18年的長安。長安民眾被玄奘西天取經的事蹟深深感動，幾十萬居民夾道歡迎，一路鼓樂喧天，鮮花遍地。正在洛陽的唐太宗得到消息，對玄奘的壯舉也十分欽佩，特派宰相房玄齡把玄奘接到洛陽，饒有興趣地聽他講述取經的非凡經歷。

不久，在唐太宗的支持下，玄奘開始翻譯佛經，並修建了大雁塔存放經卷。他每天五更起床，三更才睡。19年間，共譯成佛經75部，1300多卷。玄奘有很高的漢文化修養，又精通梵文，所以他譯的經文流暢優美而且忠於原意。今天我們還在使用的一些專有名詞，如「印度」、「剎那」等，就是他當時確定下來的。

西元664年，根據唐太宗的囑咐，玄奘與人合作，將旅途見聞寫成了一本《大唐西域記》。書中記述了他經歷的包括今天的阿富汗、巴基斯坦、印度等100多個國家的情況，如山川地理、名勝古蹟、城市風光、民俗世情等內容豐富生動，準確可靠。就在寫完《大唐西域記》後1個多月，玄奘因為勞累過度而去世了，享年69歲。

一代女皇武則天

在歷代帝王中，有個獨一無二的女皇帝，她就是唐高宗李治的妻子武則天。

武則天的父親是個木材商人，曾經幫助唐高祖李淵起兵反隋，唐朝建立後做了官。武則天從小聰明伶俐，活潑大膽，很像男孩。武則天的母親有個表妹是唐太宗的妃子。長孫皇后死後，唐太宗十分傷感，這個妃子便勸他再選幾個美女來充實後宮，並說自己的外甥女武則天長得很漂亮。於是年僅14歲的武則天便被接到宮裡。

武則天年紀雖小，卻見識不凡。有一次突厥可汗送來一匹烈馬，誰都對牠沒辦法。武則天卻說她用三樣東西就能馴服牠：「一是鐵鞭，二是鐵錘，三是匕首。鐵鞭抽牠不服，就用鐵錘敲牠腦袋，再不服，就用匕首割斷牠脖子！」唐太宗發現這個妃子很有氣概，不久就封她為才人。

唐高宗是唐太宗的兒子，當太子時就看上了武則天。武則天為自己的將來打算著，也很想討好皇太子。兩人一來二去有了感情，背著唐太宗暗中來往。唐太宗死後，按照規矩，他的嬪妃們要到感業寺當尼姑，武則天也不例外。但唐高宗難忘舊情，在太宗去世一周年的忌日，他到感業寺去進香，見到哭成淚人的武則天，也不由得淚流滿面。

回到皇宮後，高宗日夜思念武則天，悶悶不樂。他想召武則天回宮，可武則天畢竟是太宗的女人，從道德、從名分上說都很難開口。高宗內心十分痛苦。

王皇后知道了高宗的心事，不但沒有反對，反而竭力慫恿高宗把武則天接回宮來。原來王皇后沒有孩子，生了兒子的蕭淑妃很受高宗的寵愛，王皇后想透過武則天，一來討高宗喜歡，二來對付蕭淑妃。於是，喜出望外的高宗立即讓武則天留起頭髮，幾個月後將她偷偷接回宮裡。

這時武則天剛剛20歲出頭，長得更加嫵媚動人了。她對王皇后畢恭畢敬，王皇后便不斷在高宗面前誇她。不久，武則天被封為昭儀，蕭淑妃成了她的手下敗將。可是王皇后卻萬萬沒想到，她的處境不僅沒有因此而好轉，反而更糟了：從此，高宗只聽武則天一個人的話，對王皇后一天比一天疏遠。

西元654年，武則天生了個女兒。有一天，王皇后來看孩子，她離開不一會兒，高宗就來了。武則天高興地掀開被子讓高宗看女兒，誰知孩子一動不動，已經死了。武則天大哭，說是皇后剛來過。高宗不禁大怒，說：「是皇后殺了我女兒！」其實小公主是武則天親手掐死的，她這樣做只是為了嫁禍皇后，奪取後宮大權。王皇后就是有一百張嘴也辯不清自己。從此高宗決意廢掉王皇后，立武則天為皇后。

但是高宗的打算遭到許多人的反對，尤其是高宗的舅舅長孫無忌和宰相褚遂良，說什麼也不同意，褚遂良在諫阻時甚至把額頭磕得鮮血直流。只有狡猾的李勣（即徐世勣）看出高宗主意已定，說：「這是陛下的家事，何必再問外人！」武則天拉攏的一批官員也宣揚說：「莊稼漢多收了十石麥子，還想換個老婆呢，何況天子呢！」高宗不再猶豫，於西元655年下詔廢掉王皇后，立武則天為皇后。

武則天一當上皇后，立刻就將王皇后和蕭淑妃砍去手腳，扔進酒甕裡，讓她們受盡痛苦後死去。接著又利用高宗與元老忠臣之間的矛盾，以謀反的罪名逼令長孫無忌自殺，把褚遂良貶到外地。

其他反對過她的老臣，也降職的降職，流放的流放。

唐高宗是個懦弱而無能的人，只能聽任精明強幹的武則天為所欲為。

不久，高宗又生了一場病，經常頭暈眼花。他看武則天能幹，又愛管事，就乾脆把朝政大事都交給她去管。武則天從此掌握了大權，連高宗也不放在眼裡了。高宗上朝時，她在旁邊監視，大小事情都得她點頭才算數。

武則天生有4個兒子，老大李弘，老二李賢，老三李顯，老四李旦。為了爭奪權力，她又和兒子們展開了長期的較勁。太子李弘仁厚善良，高宗想傳位給他，武則天搶在前面將他毒死。老二李賢被立為太子，李賢聰明能幹，但不太順從武則天。這讓她相當惱怒。不久李賢就被廢為庶人，流放到幾千裡外的巴州，後來又因為一首詩惹惱了母親，被逼自殺。老三李顯又被立為太子。

西元683年，唐高宗去世，李顯即位，就是唐中宗。武則天以太后的身份臨朝執政。可是沒過多久，唐中宗就因為重用皇后的娘家人，被武則天廢為盧陵王，流放到外地去了。

西元684年，老四李旦被武則天立為皇帝，就是唐睿宗。但他一開始就被軟禁起來，不能參與朝政。朝中的一切，事無大小，都由武則天裁定。她成為事實上的皇帝。

唐宗室和一些元老舊臣對這種狀況非常不滿，徐世勣的孫子徐敬業等人打著擁護唐中宗的旗號，在揚州起兵討伐武則天。武則天召集大臣商量對策。宰相裴炎說：「只要太后把政權還給皇帝，徐敬業的叛亂自然會平息。」武則天認為裴炎和徐敬業一樣，是要逼她下臺，就把他打入監牢，又以謀反罪殺了他。

武則天派出30萬大軍鎮壓了徐敬業，以後再也沒人敢公開反對武則天了。這時武則天卻又不滿足太后執政的地位了，她要「名正言順」地當皇帝！

西元688年，一些讓「聖母」當皇帝的「瑞兆」接連出現。於是，有一個名叫傅遊藝的官僚，聯合關中地區900多人聯名上書，請求武則天當皇帝。武則天一面假惺惺推辭，一面提拔傅遊藝當了大官。這樣一來，勸武則天做皇帝的人越來越多，官員、貴族、百姓、各族首領、和尚道士什麼人都有。皇帝李旦迫於形勢，只好請求武則天賜他姓「武」。

西元690年，67歲的武則天終於登上了皇帝寶座，改國號為「周」，自稱「聖神皇帝」，定都洛陽，同時降唐朝皇帝李旦為皇嗣。

就這樣，中國歷史上唯一的女皇帝武則天，開始了她歷時14年的帝王生涯。

李隆基政變

武則天當了皇帝後，為了清除潛在的威脅，鑄造了專門投遞告密信的銅匣子，鼓勵人們告密。於是告密之風盛行。一些靠告密起家的無賴受到重用，相互比賽著製造駭人聽聞的酷刑，逼迫著人們承認謀反，製造了許多冤案、假案。但總括說來，武則天重視農業，注意招攬人才，治理國家並不比其他皇帝差。

西元705年初，武則天臥病在床。宰相張柬之等人非常擔心李唐江山的安危，決定發動宮廷政變。他們率領御林軍衝進宮裡，擁護唐

中宗恢復帝位。武則天只好重新做皇太后。10個月後，執掌朝政50多年的武則天咽下最後一口氣。

　　唐中宗李顯復位後，立妻子韋氏為皇后。韋氏與李顯可以說是患難夫妻。當年李顯被武則天流放時，只有韋氏陪著他嘗盡了人間苦難。那時，只要一聽說武則天的使臣來了，李顯就嚇得要自殺。韋氏總是安慰他，幫助他挺過一次次危難，活了下來。所以李顯曾經對韋氏發誓說：「我一旦重登帝位，一定滿足你所有的心願！」

　　現在李顯真的又當了皇帝，就想實踐自己的誓言，一切按照韋氏的意願辦。韋氏的野心便迅速膨脹了——她想做第二個武則天！

唐中宗非常寵愛小女兒安樂公主。有時安樂公主私自寫下聖旨，在呈給中宗時，故意遮住內容，讓唐中宗簽署。唐中宗竟然笑容滿面地蓋上了皇帝大印！

唐中宗還有個婕妤（內宮女官名稱）叫上官婉兒，會舞文弄墨。她曾經很受武則天信任，參與處理百官奏章，後來又與武則天的侄子武三思勾搭上了。中宗的小女兒安樂公主嫁給了武三思的兒子。而韋皇后也透過種種關係和武三思勾搭在一起，一同干預朝政。唐中宗對韋后言聽計從，見韋后信任武三思，便也把他當親信，讓他做了宰相，大事小事都找他商量。

張柬之等人發動政變扶持唐中宗上臺，以為武氏勢力已經成了砧板上的魚肉，輕而易舉就能剷除。沒想到唐中宗是個糊塗蟲，反而再次重用武三思，並放任他結黨營私，把持朝政。張柬之等人後悔不及，卻一點辦法都沒有。武三思知道張柬之等人想加害於他，忙跟韋后一起去找唐中宗，說張柬之等5位大臣想謀反。昏庸的中宗信以為真，讓韋后和武三思奪了他們的實權，又把他們逐出京城，一個個害死。

　　從此，韋后一幫人更加倡狂了。

　　武三思則得意忘形地說：「我不知道什麼叫善人，什麼叫惡人。凡是對我好的就是善人，對我壞的就是惡人！」一時間，勢利小人都集中到他的身邊，依仗他的威勢橫行霸道，把朝野上下搞得烏煙瘴氣。

　　太子李重俊不是韋后的親生兒子。韋后想當女皇帝，自然要除掉這個障礙，於是慫恿安樂公主和她的丈夫故意找碴欺負太子。後來安樂公主乾脆要求唐中宗廢掉太子，立她為皇太女，將來學她的祖母武則天，也做女皇帝。李重俊忍無可忍，於西元707年發動兵變，殺死武三思父子及其同黨幾十人。可惜後來兵變失敗，李重俊也被殺死了。

　　太子死後，韋后加緊為她上臺大造輿論，同時也更加放縱自己，又和御醫、御廚等人私通。宮中有個叫燕欽融的義士，對此情形義憤填膺。他面對唐中宗，慷慨激昂地把韋后、安樂公主等人的醜事抖了出來。唐中宗羞慚地紅著臉，低頭嘆氣。韋后的心腹宰相宗楚客這時就在旁邊，他讓禁軍抓起燕欽融，頭朝下狠狠戳壓在石頭地板上，燕欽融當時便折斷了脖子，慘死在皇帝面前。

　　唐中宗心裡十分惱怒。這時韋后害怕了，就和安樂公主等人合謀，把御醫提供的毒藥放在餅裡，毒殺了唐中宗。

　　唐中宗死後，韋后秘不發喪。她先調動軍隊守衛京城，然後任命自己的親信擔任要職。一切準備好了，才宣佈皇上的死訊，同時立15歲的李重茂為太子，又指使宗楚客等人聯名上書，擁護她「臨朝主政」，還準備效法武則天，改朝換代，滅了大唐。

　　唐睿宗李旦的三兒子李隆基，這時剛滿25歲，卻胸有大志，才略過人。他見韋后胡作非為，圖謀篡位，便也積極準備，要和韋后較量一番。禁軍將領葛福順和陳玄禮等人都支持李隆基，願意為他出力。

　　西元710年夏天，李隆基和姑姑太平公主密謀，決定立即發動兵變。夜裡，葛福順殺死親近韋后的禁軍將領，然後向士兵大喊：「韋后毒死皇帝，陰謀危害社稷。今晚大家一起誅殺韋氏和武氏集團，誰敢幫助逆黨，罪滅三族！」士兵們紛紛響應。

　　李隆基率軍進入玄武門，逼近後宮。韋后從夢中驚醒，慌忙逃到飛騎營躲避。飛騎營士兵二話不說，一刀砍下了她的腦袋。安樂公主正對著鏡子畫眉，還沒弄明白出了什麼事，頭已落地了。她的丈夫沒跑多遠，也被士兵追上殺死。

　　上官婉兒看到形勢突變，立即見風轉舵，帶領宮女迎接李隆基，並且拿出一份唐中宗讓李旦參政的遺詔底稿，請求饒她一命。李隆基恨她和韋后勾結，助紂為虐，毫不留情地殺了她。

幾天後，太平公主把李重茂從寶座上提了下來。唐睿宗復位，立李隆基為太子。

但武則天的女兒太平公主野心勃勃，也想學母親的樣子做女皇。她很有勢力，又精明強幹，一度把持了朝政大權。人們傳說：「家有太平，國無太平。」軟弱的唐睿宗權衡再三，於西元712年將皇位傳位給了李隆基。

西元713年秋天，李隆基率領300多名士兵，殺死了太平公主的眾多黨羽。太平公主逃進山裡的佛寺，3天後被抓回來處死。大唐王朝終於結束了女主干政、變亂迭起的政治局面。

李隆基就是唐玄宗。他年輕有為，一上臺就革新政治，發展經濟，使唐王朝進入了繁榮富強的頂點時期——開元盛世。這時國庫裡堆滿了錢糧，百姓富足，社會安定。

可是伴隨著治理國家的巨大成功，唐玄宗逐漸驕傲自滿起來，開始厭倦朝政，追求享樂。西元736年，唐玄宗寵愛的武惠妃死了，他一直悶悶不樂。後來遇見體態豐滿、面容嬌好的楊玉環，他一下子著了迷。儘管楊玉環是他兒子壽王李瑁的妃子，可是玄宗還是讓她先出家做了女道士，賜名太真，然後設法弄進宮來，據為己有。

楊玉環聰明俊秀，能歌善舞。一天，玄宗把自己譜寫的《霓裳羽衣曲》給她看，她一看就明白，立刻邊歌邊舞，長袖飄飄，婀娜多姿，就像仙女下凡，把玄宗迷得神魂顛倒。不久，楊玉環被冊封為貴妃，地位僅在皇后之下。由於唐玄宗一直沒有冊封皇后，實際上她就成了大唐的皇后了。楊貴妃愛吃荔枝。但荔枝生在南方，離京城長安有幾千里之遙。玄宗特地開闢了從嶺南通往長安的貢道，沿途設有驛站，備有快馬。盛夏驕陽似火，荔枝從嶺南出發，一站一站地換人換馬，接力傳送，運到長安時還是新鮮的。

為此不知累死了多少人和馬，可是只要貴妃高興，皇上也就不想其他的了。

　　由於楊貴妃被寵，她的3個姐姐分別被封為韓國夫人、虢（音 ㄍㄨㄛ ）國夫人和秦國夫人。她的堂兄楊國忠還當了宰相，一人身兼40多個職務，大權獨攬，欺上瞞下，不可一世。而唐玄宗有可愛迷人的貴妃及其姐妹陪伴，整日沉浸在歌舞昇平中，把國家大事都拋到九霄雲外去了。

　　而這一切都被大軍閥安祿山看在眼裡。

　　安祿山年輕時因罪被判死刑。唐玄宗聽說他很能幹，赦免了他。從此，安祿山靠著逢迎拍馬的手段一步步升官，當了平盧節度使。玄宗喜歡邊將多立戰功，他就誘騙附近的少數民族首領和將士來參加宴會，用藥酒灌醉後割下頭顱，向皇上報功。他在楊貴妃面前更是裝傻、撒嬌，甚至認年輕的楊貴妃為乾娘。

靠小丑的伎倆，安祿山贏得了貴妃的好感，騙取了皇上的信任，又兼任了范陽、河東節度使，控制了北方邊境的大部分地區。

楊國忠和安祿山有矛盾，他一再對玄宗說：「安祿山要造反！」但玄宗根本不信。玄宗還把上奏安祿山要謀反的人綁起來，送給安祿山處置。安祿山就在皇上的無限信任和愛護下，放心大膽地做好了反叛的準備。

西元755年農曆十一月，安祿山打著「奉密旨討楊國忠」的旗號，在史思明等人的擁戴下，率領20萬大軍，從漁陽（今北京密雲）向洛陽打來。這就是歷史上有名的「安史之亂」。這時中原一帶已經100多年沒打過仗了，官軍戒備鬆弛，望風而逃，各州縣紛紛落到叛軍手裡。

接到安祿山反叛的奏報，唐玄宗還以為是造謠，直到警報接連到來，他才慌了。楊國忠卻洋洋自得，自以為有先見之明。叛軍打到黃河北岸時，玄宗又聽信監軍宦官的話，殺了大將封常清和高仙芝，最後強派又老又病的哥舒翰去守潼關。

這時安祿山在洛陽建立了政權，自稱「大燕皇帝」。哥舒翰憑藉豐富的作戰經驗，把叛軍擋在了潼關外。安祿山在關外屯兵半年，也沒有攻下潼關，相當灰心喪氣。可是就在他準備放棄洛陽，逃回范陽老巢的時候，唐玄宗卻替他打開了潼關大門！

原來，楊國忠怕哥舒翰打勝仗後勢力壓過他，就向玄宗進言，說哥舒翰應放棄死守潼關的戰略，向叛軍發動進攻。哥舒翰知道出戰必敗，但聖旨難違，痛哭一場後，帶兵出關。20萬大軍一出關就中了叛軍的埋伏。一仗下來，官軍全軍覆沒，哥舒翰也被部將脅迫著投降了叛軍。

潼關失守，長安的門戶大開。

哥舒翰在潼關時，每晚都點燃烽火，報告平安。這一夜，長安人沒有望見「平安火」，頓時亂成一團。消息傳到朝廷，玄宗和大臣們驚慌失措。在楊國忠的鼓動下，玄宗帶著皇子皇孫、嬪妃宮女和文武百官等，偷偷逃出長安，奔向四川。

63

西元756年6月14日，大隊人馬來到馬嵬坡。禁軍將士又累又餓，不願再往前走。禁軍首領陳玄禮早就對楊國忠恨得咬牙切齒，趁機鼓動說：「大好國家卻有今天的災難，都是楊國忠一手造成的。不殺了他，就不能平息天下人的怨恨！」

楊國忠正在馬上啃食胡餅，二十幾個吐蕃使者圍上來跟他要吃的。這時軍士們突然大叫：「楊國忠謀反了！快殺了他！」一箭射中了他的馬鞍。楊國忠嚇得滾下馬背，逃進馬嵬驛的西門。軍士們蜂擁而入，你一刀我一槍，把他砍成了好幾段，又砍下頭顱，吊掛在驛門外。

接著，大家包圍了玄宗的住所。玄宗趕緊拄著拐杖，出來安慰說：「朕體諒你們的心情，不再追究誅殺楊國忠的事，大家散去吧。」

可是將士們誰也不動。陳玄禮走上前來說：「楊國忠謀反，將士們殺了他。可是他的妹妹還在陛下身邊，大家能不擔心嗎？」

玄宗大吃一驚，說：「貴妃長期住在後宮，不問外事，她有什麼罪？」

玄宗的心腹太監高力士見形勢不妙，在一旁勸說：「陛下還是聽他們一句吧！只有安撫好將士，陛下才能大安呀！」玄宗還是不肯。這時，外邊傳來一陣陣呼喊：「不殺貴妃，誓不護駕！不殺貴妃，誓不護駕！」一個叫韋諤（音ㄜˋ）的官員，跪在玄宗面前，磕頭如搗蒜，請玄宗快下決斷。他把頭都磕破了，血流滿面。

玄宗終於明白，此刻眾怒難犯，不要說楊貴妃，就連他自己也有危險了。他狠狠踩了踩腳，哭著讓高力士把楊貴妃帶到一棵梨樹下，用白綾把她吊死了。

高力士把屍體拉回來，讓陳玄禮查驗。禁軍將士確信楊貴妃已死，才重新列隊，護衛著皇帝奔向大山的深處。

65

朱溫篡唐

　　唐軍在郭子儀、李光弼等人的帶領下苦戰了8年，終於平定了「安史之亂」，但強盛統一的唐朝卻一去不復返。軍閥割據，宦官專權，還有官員之間的朋黨之爭，使唐朝的政治越來越混亂。唐朝末年，土地兼併加上嚴重的天災，使老百姓活不下去了，只好起來造反。西元880年，黃巢起義軍攻進長安，建立了大齊政權。可是沒過多久，唐軍就把長安緊緊圍住。就在這時，駐守同州的起義軍大將朱溫投降了唐朝。唐僖宗喜出望外，封他做宣武節度使，還賞他一個名字，叫「朱全忠」。

　　西元888年，唐僖宗死了，繼位的唐昭宗很想剷除日益強大的宦官勢力，就叫宰相崔胤（音ㄧㄣˋ）與朱溫聯絡。宦官頭子劉季述見昭宗疏遠宦官，就想借機廢掉昭宗，另立皇帝。

　　西元900年冬天的一個夜晚，昭宗喝醉了酒，把服侍他的宦官和宮女都殺死，然後昏然大睡。第二天太陽很高了，昭宗住處還是大門緊閉。劉季述帶領禁軍破門而入，立即被寢宮中的情景氣壞了。他退出來，把所有文武官員召到宮中，讓他們在一份奏章上簽字畫押，逼昭宗退位。然後帶兵衝進寢宮，大叫：「昏君起床！」

　　昭宗被嚇得滾到了床下，渾身發抖。劉季述一手握刀，一手抓起昭宗，按在床上，把百官簽署的狀子給他看，並凶狠地斥責說：「那天，你不聽我的話，這是罪過一；那件事，你又不聽我的話，這是罪過二……」一直數叨了幾十件。

　　劉季述把昭宗和皇后、嬪妃們關在東宮，只留一個窗戶投遞食物。後來宰相崔胤策動兵變，才救出唐昭宗。崔胤殺了劉季述，又與朱溫密謀，想借他的力量徹底剷除宦官勢力。

崔胤自認為秘密的事，不知怎麼被宦官們知道了。於是，宦官們聯絡了鳳翔節度使李茂貞，把昭宗和后妃們劫持到鳳翔。西元902年，朱溫率軍包圍了鳳翔城，不停地攻打。城下，朱溫的士兵大罵城上人是「劫持天子的臭賊」；城上，李茂貞的屬下也大罵城下人是「搶奪天子的惡賊」。這樣過了幾十天，嚴冬已到。鳳翔城內糧食吃緊，將士們飢寒交迫，餓死凍死了許多。昭宗每天的御膳也只有狗肉。城中士兵不斷地偷偷吊下城去，投降朱溫。

李茂貞見再困下去只有死路一條，就私下寫信給朱溫，把罪狀都推給韓全海，表示願意誅殺宦官。

西元903年春天，李茂貞把韓全海等16名宦官全部殺死，把皇帝交給了朱溫。於是，唐昭宗又在朱溫的挾持下，離開鳳翔，回到長安。

接著，朱溫又跟崔胤合謀，讓唐昭宗下詔，把800多名宦官全部殺掉。唐朝中葉以來把持朝政100多年的宦官專政局面從此結束了。

唐昭宗變成了朱溫手中的傀儡，朝中的官員自然都得按朱溫的意旨辦事。朱溫為了控制皇帝，實現自己篡奪皇位的野心，又殺死崔胤等人，並逼迫昭宗遷都洛陽。為營建洛陽，朱溫命令把長安的房屋拆掉，將木材扔進渭水，再透過黃河浮運到洛陽，使長安成了一片廢墟。老百姓也在軍士的驅趕下離開長安，前往洛陽。大家一面哭泣，一面痛罵朱溫禍國殃民。

唐昭宗被朱溫強迫著，率領嬪妃、百官前往洛陽。

經過華州時，老百姓夾道歡呼「萬歲」，昭宗哭著說：「不要呼萬歲，我已經不再是你們的君主了！」

唐昭宗到洛陽後，被朱溫軟禁起來。不久前，朱溫為了早日滅唐，先殺了昭宗的長子李裕。昭宗恨透了朱溫，不由自主竟跟監視他的蔣玄暉說起了這事，說著說著就哭起來，恨得把中指都咬破了。

這件事被朱溫知道了，恰在這時

69

　　李茂貞又打著解救唐昭宗的旗號，聯合各地軍閥要
向朱溫興師問罪。朱溫便決定殺死唐昭宗，免除後患。

　　　西元904年8月11日夜晚，蔣玄暉奉命帶領朱有恭
等人刺殺了唐昭宗，事後，朱溫假惺惺地痛哭一場。為
遮人耳目，他以「弒君」的罪名處死了朱有恭。同時，立13歲的李柷為帝，他就是唐朝
的末代皇帝「昭宣帝」。

　　朱溫為了斬草除根，又讓蔣玄暉把唐昭宗的9個兒子邀請到洛苑的九曲池喝酒賞花。
酒席上把他們灌得大醉，然後一個個全都勒死，扔進九曲池，卻說他們是失足掉下水
池，淹死了。

宦官殺完了，皇帝、皇子也殺光了，唐朝就剩下一批大臣了。朱溫有個謀士，名叫李振，外號「貓頭鷹」，因為沒有考上進士，非常痛恨朝中大臣。他對朱溫說：「你要做大事，這批大臣最難對付，不如把他們統統除掉。」朱溫聽了他的話，在一個深夜，把三十幾個朝臣集中起來全部殺掉。

李振又說：「這批人平時自命清高，稱自己是『清流』，應該把他們扔進黃河，叫他們變成『濁流』！」朱溫也照辦了。

為了體面地上臺，朱溫要昭宣帝主動讓出皇位。他指使蔣玄暉去辦理這事。蔣玄暉想按照魏晉時禪讓的辦法，一步一步去做。朱溫急於篡位，心裡很不高興。有人說蔣玄暉是在故意延長唐朝的壽命，朱溫十分惱怒，立刻處死了蔣玄暉。

唐朝的一切都被掃蕩乾淨，朱溫覺得大局已定。西元907年5月，他逼迫唐昭宣帝退位，自立為皇帝，改國號為「梁」，歷史上稱為「後梁」。歷時近400年的大唐帝國就此滅亡。

71

黃袍加身

　　朱溫建立的後梁只存在了12年，就被後唐推翻。不久，後唐又被後晉滅掉。就這樣，掌有兵權的武將今天你為王，明天他稱帝。短短40年內，北方先後出現了後梁、後唐、後晉、後漢、後周5個朝代。直到趙匡胤黃袍加身，建立宋朝，異常混亂的五代十國時期才告結束。

　　西元927年，趙匡胤出生在洛陽城東的夾馬營。他的父親是後唐武將，趙匡胤從小出入兵營，騎馬射箭無所不精。有一次，母親杜氏勸他好好讀書，他卻說：「自古以來，治世用文，亂世用武。如今天下大亂，只有精習武藝才有出路。」

　　後漢樞密使郭威看中了趙匡胤的一身好武藝，把他留在身邊。趙匡胤立下了許多戰功。郭威建立後周政權後，任命趙匡胤為禁衛軍軍官。西元954年，郭威病死，他的養子柴榮即位。北漢的劉崇借機聯合契丹人前來進攻。趙匡胤跟隨周世宗柴榮，在高平與敵軍遭遇。北漢軍攻勢兇猛，後周兵抵擋不住，紛紛潰退。趙匡胤帶領幾千人的隊伍，奮勇殺敵，他的左臂中了箭，仍然揮刀把北漢大將張之徽砍下馬去，這才使後周兵轉危為安。

後來，趙匡胤又隨柴榮征討南唐，使南唐向後周屈服稱臣。趙匡胤因此名聲大振，升為禁軍的最高統帥——殿前都點檢。

西元959年，周世宗柴榮病死，他7歲的兒子柴宗訓即位，政權由年輕的符太后掌管。當時戰禍連綿，邊境不穩，人心浮動，孤兒寡母好不容易撐到年底，準備與大臣們歡聚一堂，共慶春節。

誰知就在大年初一這天，鎮、定兩州突然來報，說北漢和契丹合兵南下，侵犯邊界。符太后趕忙與宰相范質、王溥商量，決定派趙匡胤率軍北上迎敵。

正月初三，趙匡胤率領部隊出發，傍晚時到達離汴京45里的陳橋驛。這時大雪紛飛，天色昏暗，趙匡胤傳下軍令，全體將士就地宿營。

可是，雖然行軍勞累，卻很少有人倒頭就睡。因為大軍離京時就有種種謠言傳出，有人說天上出現了一上一下兩個太陽；有人說大軍出發當天，點檢就會成為天子。所以全軍上下都在悄悄議論，說如今皇上年幼，國家又處在多事之秋，我們這樣拚命打仗，有誰會記得我們的功勞？不如現在就擁立趙點檢做皇帝，然後再去北征，大家也許還能得到些好處。士兵們的議論越來越熱烈，他們當夜就推選出代表，去見趙匡胤的弟弟趙匡義和謀士趙普。

　　趙匡義和趙普心裡非常高興，他們一面叮囑大家保持鎮靜，一面派人飛騎回京城，去和留守京城的大將石守信、王審琦聯絡，以便內外呼應，確保兵變成功。

　　這時趙匡胤正在宿營的帳篷裡蒙頭大睡，好像事不關己。第二天天剛亮，他就被一陣陣呼喊聲驚醒，急忙披衣出門。只見一批軍官手持弓箭，跪拜在門前，後面還有無數軍人呼喊：「我們要趙點檢做皇帝！要趙點檢做皇帝！」他揉著睡眼，迷迷糊糊地問：「發生了什麼事？」

　　「因為朝廷昏弱，諸將無主，請求趙點檢做皇帝！」跪在面前的將領齊聲說。

趙匡胤還想說什麼，趙匡義和趙普已經跑上來，抖開一件早就準備好的黃袍，披在了他

的肩上。緊接著眾人齊齊跪下，高呼「萬歲」。

　　趙匡胤又驚又喜，但做出一副心事重重的樣子說：「你們這些人貪圖富貴，強迫我做天子。可是你們能聽我的命令嗎？」將領們齊聲回答：「堅決聽從萬歲指揮！」

　　一場黃袍加身的喜劇就這樣演成了。

　　原來，趙匡胤為了當皇帝，已經做了許多準備。為了給自己奪權製造輿論，他籠絡了一大批文臣武將，在出兵時故意讓人散佈謠言，就連邊境上的急報都是為這場兵變而「製造」出來的。

趙匡胤半推半就地被將領扶上馬，帶兵返回汴京。他鄭重宣佈：軍隊回到京城，不許搶劫，不許侵害朝臣，要保護好符太后母子，違令的一定嚴懲！城內的統兵將領石守信、王審琦也都是趙匡胤的心腹，有他們做內應，穿了黃袍的趙匡胤沒遇到任何麻煩就進了京城。

　　符太后和柴宗訓嚇得不知如何是好。禁軍副指揮韓通不願辜負周朝，匆匆跑回家，準備組織人馬反抗，卻被趙匡胤的親信王彥升發現，趕到家裡把他殺死了。

　　趙匡胤回到官府，剛脫掉黃袍，手下將領就把宰相范質和王溥等人帶來了。趙匡胤

流著眼淚說：「我受周世宗的厚恩，正該竭力扶助幼主。今天的事，實在是被六軍逼迫，我也無可奈何。現在事情鬧成這個樣子，我心裡十分慚愧。我該怎麼辦？」王溥被旁邊的士兵威嚇，趕緊跪拜行禮。范質不得已，也只好跟著行禮，口稱「萬歲」。

　　無奈，後周的小皇帝柴宗訓只得宣佈禪位。正月初五日，百官雲集在崇元殿，舉行讓位儀式。中午，人都到齊了，才發現缺少周帝禪位的詔書。正在著急時，後周大臣陶谷不慌不忙地說：「大家不要慌，我早就準備好了。」說著從衣袖裡拿出「詔書」來讀。趙匡胤被宰相扶著登上皇帝的寶座，輕而易舉地奪取了皇位，成為大宋王朝的開國皇帝「宋太祖」。

杯酒釋兵權

趙匡胤當皇帝後，一方面剷除後周舊臣中不肯擁護自己的人，另一方面大封為自己登基出了力的功臣，石守信、高懷德、王審琦等人都做了節度使，慕容延釗（音 ㄔㄠ）升為殿前都點檢。這些事都做好以後，他心裡大大地鬆了一口氣。

可是，在陳橋驛為趙匡胤黃袍加身出過大力的趙普卻提醒說：「陛下登基雖然是眾望所歸，但很難確保所有人都對您忠心不二。那些立過戰功的人，皇上尤其要小心。」

趙匡胤說：「他們都是我的好兄弟，決不會背叛我的，不必多慮。」

趙普說：「我並不懷疑他們的忠心，不過是舉個例子罷了。但是，他們都不是將才，很難完全制伏部下。陛下可記得這皇位是怎麼得來的嗎？不就是因為手中有軍隊嗎！如果他們的部下也貪圖富貴，強迫他們弄出點什麼事來，他們又有什麼辦法？」

趙匡胤聽到這裡，不由得心裡一沉。是啊，誰又能保證陳橋驛那樣的事不會出在別人身上？要怎樣做才能使天下長治久安？他不得不認真思考這個問題了。

有一天，趙匡胤找來趙普，對他說：「自從唐朝滅亡，不過幾十年工夫，帝王就換了八姓，天下紛紛擾擾，戰亂不斷。這是什麼原因呢？」

趙普足智多謀，自稱博覽群書，對天下古今事沒有不明白的。有一次，趙匡胤特意派人去趙普家察看，想知道他的知識和智慧是怎麼得來的，派去的人回來報告說在趙普家只找到半部《論語》。從那以後，「趙普半部《論語》治天下」的美談就流傳開了。但這時聽見皇帝發問，趙普卻含含糊糊地說：「皇上能想到這件事，真是天地人神共同的福分啊！」

趙匡胤追問：「我想結束戰亂，求得長治久安，使國家政治清明，百姓安居樂業，該從哪裡著手呢？」

趙普見皇帝態度認真，這才回答說：「天下紛亂不休，朝代頻繁更換，這都是因為將權重，君權輕，君弱臣強，尾大不掉，指揮失靈。如果收回地方節度使的權力，控制住他們的錢糧，將全國精兵集中在皇帝手裡，天下就能太平無事了。」

「好了，我明白了。」趙匡胤不等趙普把話說完，就把事情的頭緒理清了，就此下了解決問題的決心。

不久，趙匡胤就把慕容延釗的殿前都點檢撤了，讓他去地方做了一個節度使。那些功臣們感到很不安寧，擔心「卸磨殺驢」的事情會落到自己頭上。但趙匡胤好久沒有新的行動。他在琢磨既讓軍將們交出兵權、又讓他們毫無怨言的萬全之策。

　　西元961年夏天的一個夜晚，趙匡胤大擺宴席，請石守信、高懷德等人來喝酒。大家雖有君臣之分，卻都曾是朋友和兄弟，喝起酒來也就無拘無束。三杯酒下肚，趙匡胤很有感情地說：「咱們原本都是好兄弟呀！像這樣的宴會，以前是三天兩頭要舉行的。自我受禪以來，國事太多，卻很少舉行了，咱兄弟們也顯得生疏了。」

　　石守信說：「這沒什麼。萬歲執掌天下，我們大家都很高興。雖說在萬歲面前喝酒的時候少了，我們自己在下面可沒少喝呢！」

　　沒想到趙匡胤重重地嘆了口氣，說：「你們倒是痛快，我這一年多，可是沒睡過一個安穩覺啊！」

　　眾人都覺得奇怪，忙問：「這是為什麼？」

　　趙匡胤說：「你們想想，皇帝位子只有一個，誰不想來搶奪。我能不擔心嗎？」

　　眾人這才聽出了皇上的言外之意，紛紛表態說：「我們

既然保萬歲登極，就不會有二心，一生都會為您效犬馬之勞……」

「我們是怎樣的關係！難道我還信不過大家嗎？」趙匡胤打斷了眾人的話，又說，「我的意思是，如果你們手下也有人想把黃袍加在你們的身上，你們能做得了主嗎？」

這一問，把大家都問出一身冷汗。他們紛紛離開坐席，爬在地上叩頭，有人甚至嚇哭了。

停了好大一會兒，趙匡胤才說：「如果到那時候，咱們君臣火拚起來，無論誰勝誰敗，都不好。

所以，為了不發生這樣的事情，還是應該及早想個辦法才好。」

眾人好像又看到了一條生路，趕忙說：「萬歲有什麼好辦法，請快快告訴我們！我們一定照辦！」

趙匡胤裝做很隨便的樣子說：「人生是十分短暫的，就像白色駿馬從門縫前一閃而過。人們追求榮華富貴，不過是想得到更好的享受，並為子孫打下幸福的根基。諸位都是明白人，現在功成名就，為什麼不放棄兵權，到地方上去做大官，多買些歌兒舞女，天天飲酒作樂。再買些好房好地，留給子孫，也算是快快活活的一輩子。我們的兒女還可以結成親家，咱們既是君臣，又是親家，國就是家，家就是國，這該是多麼的好啊！」

這些話既是勸告又是警告，眾人聽得心驚肉跳，連忙拜謝皇上恩重如山，都表示願意交出兵權。

這時，趙匡胤卻笑著說：「大家不要這樣，快快起來，咱們君臣再痛飲一杯。」

人們不敢不喝酒，可酒喝下肚去卻十分不是滋味。

第二天上早朝時，石守信、王審琦等人都稱自己年老多病，要求解除軍職。趙匡胤含笑逐一批准，只給石守信留下一個「侍衛都指揮使」的空銜，其餘的人都賞給一個「節度使」的職位。但宋朝的軍權都由各州的長官掌管，「節度使」也是個空銜。就這樣，趙匡胤不用一刀一箭，只用一杯酒把兵權收在了自己手裡。

後來，趙匡胤又用同樣的辦法，陸續收回各地將領的兵權。為防止武人作亂，他還把禁軍分成三個部分，並提高了文官的地位，不僅讓文官做州縣長官，還讓他們擔任中央六部要職。這些措施，徹底扭轉了唐末以來藩鎮割據的局面。

不過，「杯酒釋兵權」也帶來一個不良後果，那就是能打仗的人越來越少，邊鎮防禦能力減弱。後來宋朝跟鄰國打仗總占下風，就與此有很大關係。

楊家將

　　契丹是北方的一個民族，西元916年建國，後來改稱遼國。西元936年，後唐將領石敬瑭反叛，受到後唐軍隊的圍攻，急忙向遼國求援。遼國皇帝耶律德光率軍進入中原，滅了後唐，封石敬瑭為後晉皇帝。為了報恩，石敬瑭竟自稱「兒皇帝」，還把燕雲十六州送給了遼國。

　　宋朝建立後，為收復這一片土地，和遼國展開了一場又一場大大小小的戰爭，並湧現出許多英雄人物，楊業就是其中的一個。

　　楊業原名楊繼業，是北漢國的大將。他足智多謀，英勇善戰，是馳名天下的英雄好漢，被北漢皇帝賜姓劉。西元979年，北漢滅亡，宋太宗趙光義十分欣賞楊繼業的忠勇，恢復了他的原姓，同時賜單名一個「業」字。

　　宋太宗想趁著平息北漢的有利時機，奪回燕雲十六州，於是親自領兵北上，很快攻下了易州等地。但在高梁河一戰中，宋軍被遼兵三面夾擊，大敗後潰不成軍，宋太宗身邊的打傘人和護將也被殺死了。宋太宗趁著天色昏暗拚命奔逃，結果連人帶馬掉進了泥潭。正在絕望之時，一隊人馬打著火把過來了，原來是押運糧草的楊業。楊業剛把皇上和他的坐騎拉出泥潭，遼兵就追了過來。楊業和兒子楊延昭立即上前迎敵，沒幾回合就把兩名遼將刺死在馬下。遼兵失去主將，無心再戰，宋軍這才喘了一口氣，整頓敗卒，收軍南下。

楊業剛歸順宋朝就立了大功，深受宋太宗信任。代州是宋朝的要塞，太宗惟恐代州有閃失，於是派楊業做了代州刺史。

西元980年，遼國又出動10萬大軍，進犯雁門關。雁門關是代州北邊的重要門戶，一旦陷落，代州也就保不住了。當時楊業手下只有幾千兵馬，知道不能跟敵人硬拚，便把兒子延玉和延昭叫來，商議克敵制勝的辦法。大家決定留下大部分兵力駐守代州，由楊業率領幾百名騎兵，沿山裡的小道繞到敵軍的背後。

遼軍一路南下都沒有遇到什麼阻擋，正得意揚揚，不想背後殺聲突起，滾滾煙塵中，一支騎兵像旋風一樣衝殺過來。遼兵被殺得暈頭轉向，頓時大亂。遼朝駙馬蕭咄（音 ㄉㄨㄛˋ）李揮舞大斧衝向楊業，兩人你砍我刺，打得不可開交。突然，楊業大喊一聲，蕭咄李嚇了一跳。楊業趁勢一刀砍去，蕭咄李人頭落地。遼軍紛紛潰逃。楊家軍乘勝追殺，遼軍相互踐踏，死傷眾多。這一仗大煞了遼國的威風。從此，遼軍稱楊業為「楊無敵」，遠遠一見「楊」字大旗掉頭就跑。

西元986年，遼景宗病死，即位的遼聖宗只有12歲，蕭太后垂簾聽政。蕭太后小名燕燕，明智果斷，十分能幹。可是宋太宗卻小看了她，又想趁機奪取燕雲各州。於是派三路大軍北上，攻打遼國。楊業被安排在西路軍中，作為主將潘美的助手。

三路大軍分頭出擊。西路軍很快打下了寰、朔、應、雲四個州，收復了大片土地。東路軍將領急於爭功，不顧糧草短缺，貿然孤軍深入，被打得大敗。

因為主力遭受損失，宋太宗命令各路軍隊撤退。宋軍主力從應州撤退，遼軍乘勢攻佔了寰州。宋太宗立即命令西路軍，設法把已經攻克的四州百姓撤到內地來。這時，寰、應兩州得而復失，雲州、朔州都離敵人很近，撤離百姓的任務相當艱巨。

楊業建議派兵佯攻應州，吸引遼軍主力，讓雲、朔兩州的軍民借機向南撤退。可是監軍王侁（音 ㄕㄣ）不贊成，他說：「我們有幾萬精兵，為什麼要怕遼軍？」堅持讓宋軍走雁門關北邊的大道，好讓敵人看見了害怕。

楊業說：「現在敵強我弱，不避開敵人的鋒芒，我們要吃大虧的！」王侁面帶譏笑說：「你不是號稱楊無敵嗎？怎麼這樣畏縮？該不是心裡另有打算吧！」

楊業十分氣憤，強壓住心頭怒火說：「我不是怕死，只是不願讓士兵白白去送死。監軍這樣責怪我，我就領兵打頭陣好了！」

楊業出發前，流著淚對潘美說：「這一仗註定要失敗的。我本來想等待時機，多殺敵人報效國家，現在不得不去先死了。」他用手指著陳家谷口，說：「請各位在這裡準備好步兵和弓箭手，待我轉戰到這裡時，你們與我兩面夾擊敵軍，或許還能轉敗為勝。否則我就死無葬身之地了！」

　　楊業和兩個兒子出兵不久，就遭到大隊敵軍的伏擊。他們從中午苦戰到傍晚，好不容易殺出重圍，邊打邊向陳家谷撤退，滿心指望能得到潘美的接應。誰知退到約定地點，卻連個人影都沒有！楊業看著身邊的殘兵，口呼蒼天，淚水奪眶而出！他讓延昭殺出去，或許能找到救兵，即使找不到，也一定要報告天子。接著又對僅剩的100多名部下說：「你們各有父母妻子，不必跟著我一起送命。趕快突圍出去吧！」

　　可是部下沒有一個人離開，最後全部在血戰中犧牲。楊業身受幾十處傷，仍然堅持戰鬥，直到戰馬被敵人射倒，自己墜地被俘。延玉也戰死了。

　　楊業被帶回遼軍的大營。他拒絕敵人的勸降，絕食三日，壯烈殉國。

　　原來，潘美和王侁如約去了陳家谷，等了半天不見楊業的身影，還以為他已打了勝仗，追擊遼軍去了。為了早點兒回去搶報軍功，王侁領軍先離開了。潘美早就嫉妒楊業的戰績，隨後也跟著走了。剛走了20多里，卻聽說楊業打了敗仗，兩人一慌，便領兵退到代州，不再管楊業的死活。

　　楊業死後，他的兒孫繼承了他的事業，為大宋守衛邊關，立下了許多戰功。人們尊敬地稱他們為「楊家將」，把他們的忠勇事蹟千古傳誦。

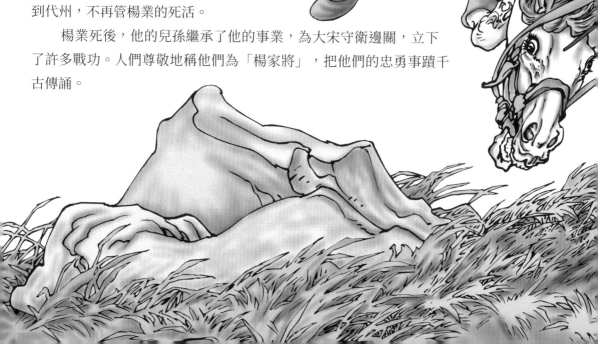

澶淵之盟

宋太宗鼓足勁和遼國打了幾仗，不但沒收回燕雲十六州，反而損兵折將，大敗而回，從此不敢主動出擊，完全採取守勢。

西元997年，宋太宗病死，他的兒子趙恆繼位，即宋真宗。遼軍又趁機蠢蠢欲動了。西元1004年，遼聖宗和蕭太后率領20萬大軍，從幽州出發，一路向南，20多天就打到了黃河北岸的澶州城下。

澶州跨黃河分為南北兩城，離宋朝京都汴京（也稱東京）很近。遼軍氣勢洶洶而來，宋朝君臣一片驚慌。宋真宗沒有太祖、太宗那樣的本事和膽量，又急又怕，心煩意亂。大臣王欽若、陳堯叟（音ㄙㄡ）等都主張到南方躲避。王欽若是江南人，勸真宗去金陵（江蘇南京）；陳堯叟是四川人，主張真宗去成都。真宗猶豫不決，趕緊問宰相寇準該怎麼辦。

寇準說：「給陛下出這種壞主意的人應當殺頭！大敵當前，如果陛下真的躲到南方去，民心將會崩潰，士氣必然低落，契丹人趁機進攻，國家就保不住了。現在我們除了迎戰，別無選擇！只要皇上御駕親征，士兵努力作戰，敵軍必定會撤走。即使我們不打，只堅守城池，他們遠道而來，不能持久，最終也會不戰自退！」

宋真宗是個膽小鬼，不敢上前線，想趕快退朝逃避。寇準大膽阻攔，說：「陛下一旦進入後宮，我們文武群臣就很難再向陛下說上話了，這樣一定會貽誤戰機，壞了國家大事。請陛下這就出征，直奔前線。」宋真宗不得已，只得一面派人去向遼國講和，一面下詔宣佈親征。為了消除逃跑人士對皇上的影響，寇準又把王欽若調到大名去防禦遼國騎兵。

真宗雖然出了汴京，但聽說契丹人打仗非常厲害，一些州縣的守軍不戰自潰，王欽若也在大名失利，就害怕起來，不想往前走了。寇準心裡相當惱怒，毫不客氣地說：「現在敵人的騎兵已經逼近，人心浮動，陛下只可進尺，不可退寸！」

宋真宗拿不定主意，在一些大臣的慫恿下，又動了逃往南方的念頭。寇準只得耐著性子勸說：「國家存亡，在此一舉。陛下早日到前線，軍士一定信心百倍；如果掉頭向南，必將眾心瓦解，局面不可收拾！」沒有主見的真宗仍然皺著眉頭，一聲不吭。

殿前都指揮使高瓊聽說皇帝又想後退，心裡特別生氣。他決定去助寇準一臂之力，於是跪到真宗面前，說：「跟隨陛下出征的士兵，

父母妻子都在汴京，他們決不願拋下家人，跟皇上逃到南方去。即使強迫他們南下，也會在路上逃跑。皇上只要肯到澶州，我們就一定拚死力戰，殲滅倡狂的遼軍！」

　　這時，澶州守將李繼隆派人來報捷，說遼軍前鋒官蕭撻覽督軍攻城，被守城宋兵射中了額頭，一命嗚呼。遼軍士氣也不像先前那樣旺盛了。真宗有了點信心，總算磨蹭到了澶州的南城。

　　然而真宗害怕離敵人太近，會有危險，又不想過河了。高瓊就指揮士兵推車前進，還一語雙關地罵道：「到了這裡還不快走，還猶豫什麼！」

　　真宗不得已到了北城，在城門樓上立起了黃龍傘旗。全軍士兵頓時歡呼雀躍，聲音傳到幾十里外。真宗看到這陣勢，又高興起來，一面撫慰士兵，一面派寇準處理軍機要務。

　　寇準打退了遼軍幾次進攻。遼軍受了挫折，加上孤軍深入，糧草供應困難，對繼續前進失去了信心。已經投降遼國的宋將王繼忠借機勸蕭太后與宋朝講和，蕭太后馬上答應了。宋真宗更巴不得儘早結束

戰爭，於是雙方各派使者，來回商談。

遼方一開始提出要瀛州和莫州，作為退兵的條件。宋方說這些土地歷來就屬於大宋，一尺一寸都不能給，情願給些金銀布帛。這也正對蕭太后的心思，於是雙方為錢帛的多少爭來談去。

宋朝使者曹利用請真宗給個大概的數額。

真宗急於議和成功，說：「實在不得已，給他們歲銀100萬兩也行。」等到曹利用走出行宮，寇準就上前警告他說：「雖然皇上答應給那麼多，但你跟對方談判時不許超過30萬。超過這個數目，回來我砍你的腦袋！」曹利用唯唯喏喏，連聲答應。

雙方經過討價還價，最後達成「澶淵之盟」：遼聖宗稱宋真宗為兄長，雙方不再打仗；宋朝每年給遼國白銀10萬兩，絹20萬匹，折合白銀約30萬兩。

曹利用回來時，宋真宗正在用膳，不能馬上召見，就派太監訊問許了遼國多少錢帛。曹利用伸出三個手指頭，比劃了一下。太監回去報告說：「曹利用伸出三根指頭，可能是300萬吧。」真宗一聽大驚失色，大聲叫起來：「太多了！」想了一想，又說：「只要能了結這樁事，就由他去吧！」

得知實際數目後宋真宗大喜過望，好像佔了天大的便宜，連聲誇獎曹利用會辦事，並重重地賞賜了他。

無論是戰是和，寇準都有功勞，但他也因此得罪了那些勸皇帝南逃的人。後來王欽若當了殿閣大學士，誣陷寇準挾持皇帝到前線冒險，還簽定了城下之盟，讓皇帝蒙受恥辱。真宗本來把澶淵之盟看做一生中最得意的事，聽王欽若這樣說，心裡涼了半截，不怪自己，反倒怪罪寇準。後來真宗找碴，罷了寇準的相職，將他貶到外地去了。

引 狼 入 室

　　宋朝與遼國講和了，西夏又來侵擾。儘管宋朝君臣非常不想打仗，卻不得不鼓起勇氣，投入戰爭。雙方打得精疲力竭時，又用議和解決問題──宋朝每年給西夏大量的銀子、絲絹和茶葉，換取西夏接受宋朝的封號。這樣，宋朝的負擔更加沉重，國力越發衰弱。

　　就在宋、遼、夏戰戰和和、互相消耗時，居住在長白山和黑龍江流域的女真族迅速崛起。女真人一直處於遼國的統治之下，後來遼國日趨沒落，女真人便在完顏阿骨打的帶領下起兵反叛，並在西元1115年稱帝建國，這就是「大金國」。

　　西元1117年，金軍南下攻遼。消息傳到宋朝，宰相蔡京和宦官童貫對在位的宋徽宗說：「遼國支撐不了幾天了。如果我們能和金主聯絡，南北夾擊，共同滅遼，那麼燕雲十六州的土地就可以趁機收回。」

　　宋徽宗聽了非常高興，以為是天賜良機，就派大臣馬政出使金國，探聽虛實。馬政扮成牛販子，從山東登州乘船，走海路進入金國，見到金太祖阿骨打。

　　阿骨打聽了馬政的話，和大臣們商議了3天，然後派一個使者跟著馬政到了宋朝，還給宋徽宗帶了北珠、生金、貂皮等名貴特產。到了汴京，金國使臣才說金國贊成聯合滅遼，條件待議。

　　這時，宋徽宗覺得遼國還很強大，只怕一時難以消滅，又猶豫了。他派使臣領著兩個畫師出使遼國，讓畫師把遼主的頭像畫下來。徽宗拿到畫像看了半天，覺得這遼國君主確實是一副亡國之相，才下了聯金滅遼的決心。西元1120年，宋徽宗派使臣趙良嗣去金國正式簽訂協約。

　　金太祖對聯宋滅遼的事已經做過精密的算計。透過使臣的幾次來往，他對宋朝的情況基本上了解了，認為這件事無論如何都對金國有利。所以聽說宋朝使臣來簽約，他的眼睛頓時亮了起來。

趙良嗣提出，宋軍出兵攻遼，要的是燕雲十六州。金太祖說：「遼國的土地應該都歸我金國。不過，看在宋金剛剛和好的份上，燕雲一帶就給了宋朝吧。但你們要把以前給契丹的歲幣給我大金，否則就別簽約。」宋朝收回燕雲國土的心情實在迫切，就按金太祖的意思簽了約。

　　宋徽宗在寫字和畫畫都是個好手，治理國家卻十分無能，而且荒淫無恥，腐敗不堪。他信任的蔡京、童貫等人更是一幫貪官污吏，把朝廷搞得一片烏煙瘴氣，老百姓都恨得咬牙切齒。國家已處在風雨飄搖中，他卻想靠外族的力量收復燕雲舊地，真是利令智昏！

後來的歷史證明，聯金滅遼的計畫，對宋朝來說就等於引狼入室！

按照雙方簽訂的協約，金軍負責攻取遼國的中京，宋軍負責攻取燕京。西元1122年，金兵首先行動，很快攻陷了遼國的中京和西京，逼得遼國的天祚帝倉皇逃到大漠以北，連傳國玉璽都丟在了桑乾河裡。這時，宋徽宗以為有機可乘，就派童貫領兵北上，前去搶奪燕雲一帶。沒想到一和遼兵交手，宋軍就被打了個落花流水。徽宗嚇得直出冷汗，急忙命令班師回朝。

不久，遼國在燕京新立的皇帝耶律淳死了。童貫和蔡京的兒子蔡攸（音ㄧㄡ）趁機率領20萬兵馬北上。大軍到達涿州時，遼國守將郭藥師開門獻城。形勢本來對宋軍十分有利，可是，宋軍都統帥劉延慶以為宋軍人多，怎麼打都能贏，所以在進軍燕京時，軍隊鬆鬆垮垮，漫不經心。結果，走到良鄉，遇到遼將蕭幹的阻擊，一開仗宋軍就被打散了。劉延慶急忙命令修築營壘，閉門不出。

蕭幹返回良鄉，決心利用宋軍貪生怕死的心理，好好教訓教訓他們。正巧，士兵抓住了宋軍押糧官王淵，蕭幹立刻計上心來…………

王淵被蒙上眼睛，和幾個宋軍俘虜關在一起。夜晚，他正在思索逃脫之計，忽聽外面幾個遼兵正在議論軍情，說30萬援軍今夜就到，已經和蕭將軍約好舉火為號，分兩路進攻宋軍大營，先殺叛將郭藥師，再把宋軍殺得一個不剩…………

到了後半夜，王淵故意弄出很大的聲響，看守的遼兵也沒有反應。確信他們都睡著了，王淵就讓幾個宋兵輪番來啃咬他身上的繩子。繩子斷了，他又給其他士兵解開繩子，一同逃了出去，把聽來的情況報告了劉延慶。

劉延慶嚇得臉都白了，兩腿直發抖。天快亮時，遼營方向突然火光沖天。劉延慶以為30萬遼軍已到，急忙下令火燒兵營，立即撤退。宋軍糊裡糊塗地燒掉了軍帳糧草，倉皇南逃。蕭幹大笑，率軍一路追擊。宋軍只管逃命，連回頭看看虛實的膽量都沒有。膽小無能的宋朝軍將成了燕京人的笑料。

宋軍偷雞不成反蝕一把米，大傷元氣。童貫為了掩蓋自己的罪責，秘密派人去見金太祖，請求金兵攻打燕京。金軍突破雁門關，直撲燕京，所到之處，勢如破竹。遼軍不戰而潰，燕京落入金軍手裡。就這樣，遼國的根基被徹底剷除了。

宋軍的表現讓金太祖又好氣又好笑。他說燕雲一帶既然是金人攻取的，就該屬於金國。宋朝使臣趙良嗣還想爭辯，金太祖發怒說：「你朝大將劉延慶領兵15萬，卻不戰自潰，你大宋還有什麼資格說話！」趙良嗣羞得再也說不出話來。

後來，宋朝答應給金國40萬「歲幣」，另加100萬貫錢，總算得到了燕京。金兵撤退時，將燕京的財物人口全部擄走，宋朝花大價錢買到的，只是一座空城。

不僅如此，這次合作還使金朝看透了宋朝的腐朽虛弱，大宋王朝危在旦夕！

靖康國難

西元1125年10月，金軍兵分兩路南下攻宋。西路軍由粘罕統率，攻擊太原；東路軍由宗望統領，攻擊燕京。兩軍相約11月在宋朝都城東京會師。

東路軍很快打到燕京。郭藥師一看金軍確實厲害，就像當年開門投降宋軍那樣，又把金軍迎進城來，並為金軍做嚮導，轉而攻擊宋軍。宗望得了郭藥師，如同多了一雙眼睛，向著東京長驅直入，不幾天就離東京只有10天路程了。

宋朝對這一切毫無準備。自從得了燕京，宋徽宗以為大功告成，就盡情地奢侈享樂，耗盡民脂民膏也在所不惜。他寵倖的幾個大臣更是為非作歹，把朝廷搞得混亂不堪。現在，金軍打到眼前了，他們只會驚恐地團團轉。宋徽宗拉住一個大臣的手，說：「真想不到啊！和約也簽了，錢也給了，金人卻這樣對待我！」

誰也不能回答皇上金人為什麼要這樣對待他。望著一個個呆若木雞的大臣，徽宗急得差點暈過去。想來想去，他決定讓太子趙桓留守京城，自己去東南「巡幸」。幸虧有個叫吳敏的大臣，聽說後匆匆忙忙跑去勸阻，並推薦李綱領兵防守京城。徽宗答應了。

李綱原先也在朝中做官，因為總愛提不同意見，官越做越小，最後竟被貶到沙縣收稅。在這國難當頭時被委以重任，李綱決心不負眾望，為國效力。他認為徽宗皇帝早已失去民心，要激發軍民的抗敵熱情，必須換皇帝。於是他寫了一封血書，請求徽宗傳位給太子。

徽宗也知道自己即位以來，做了許多不得人心的事情，但讓他就此退位，他卻不甘心。偏偏金兵逼近的警報又接連傳來，徽宗在氣恨交加中一下子暈倒了。甦醒後，他寫下「傳位東宮」幾個字，然後帶著一批寵臣，連夜逃到南方去了。

太子趙桓只有15歲，眼見國家已到了覆亡的邊緣，也明知自己沒有力量把將要倒塌的大廈支撐起來，所以拚命抗拒，不肯接受皇帝之位。被眾人強迫到福寧殿即位時，他竭力掙扎，跌倒在地，昏死過去。後來經大臣們反復勸說，他才答應接了皇位。趙桓就是宋欽宗。

欽宗任命李綱為兵部侍郎，然後下詔親征金兵。

宋軍的窩囊實在出人意料。靖康元年（西元1126年）正月，金兵抵達黃河邊，宋將急忙向河南逃跑，把浮橋也燒了。金兵只得找漁船渡河。兵多船少，金將兀朮十分害怕宋軍借機殺來。誰知渡了5天，宋軍連個人影也沒出現。接著，降將郭藥師又把宋朝的2萬匹良馬和飼料搶走了。

宗望的軍隊越逼越近，京城的局勢一天天吃緊。欽宗雖然表示要抗金，卻暗中和投降派宰相白時中、李邦彥商量逃跑的事。李綱挺身而出，堅決勸阻皇上不要南逃，說：「太上皇傳位給皇上，是要皇上留守京城。皇上怎麼能放棄京師呢？京師丟失，國家就會滅亡呀！」

白時中卻說：「金兵來勢兇猛，京城危急，李侍郎可有退敵良策？」李綱說：「良策就是公開迎敵，並下詔讓各地軍兵前來救援。」欽宗問：「可誰能帶兵守城呢？」李綱回答：「朝廷用高官厚祿供養大臣，為的就是急難時有人可用。白、李二位宰相自當肩負守城重任！」

　　兩人一聽，頓時急出一身大汗，氣急敗壞地說：「你說得這麼好聽，那就讓你守城吧！」李綱從容地說：「只要皇上下定抗敵決心，我自當萬死不辭！」

　　欽宗決定暫不逃跑，並派李綱帶兵守城。

　　可是過了兩天，欽宗又想逃跑。李綱上朝時，看見皇上的車駕即將啟程，急忙大聲問禁衛軍：「諸位士兵，你們願意守城還是願意跟著皇上去南方？」

　　「我們願意死守京城！」禁衛軍士兵齊聲回答。

　　欽宗心裡有些害怕，怕禁衛軍不想保他南逃。李綱趁機左勸右說，欽宗也覺得南逃不是好主意，再次同意留下來。李綱大聲宣佈：「皇上已經決定留守京城，有誰再敢提逃跑的建議，一律按動搖軍心論處！」

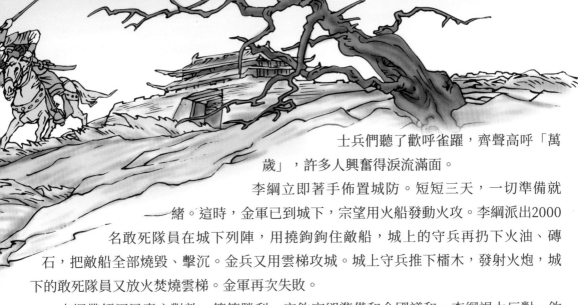

士兵們聽了歡呼雀躍，齊聲高呼「萬歲」，許多人興奮得淚流滿面。

李綱立即著手佈置城防。短短三天，一切準備就緒。這時，金軍已到城下，宗望用火船發動火攻。李綱派出2000名敢死隊員在城下列陣，用撓鉤鉤住敵船，城上的守兵再扔下火油、磚石，把敵船全部燒毀、擊沉。金兵又用雲梯攻城。城上守兵推下檑木，發射火炮，城下的敢死隊員又放火焚燒雲梯。金軍再次失敗。

李綱帶領軍民專心對敵，節節勝利，宋欽宗卻準備和金國議和。李綱竭力反對，欽宗不聽。李綱請求親自去談判，欽宗卻說：「你性情太剛烈，不可以去。」

宋朝使臣李梲（音ㄓㄨㄛ）帶回來的金人議和條件極為苛刻。沒想到欽宗和李邦彥等人都表示：只要不打仗，什麼條件都答應！這時，從各地趕來的20萬援軍陸續到達。欽宗又想挽回點損失，便派兵去偷襲金營。偷襲沒有成功，卻惹惱了金人。宗望派人來指責欽宗背約。李邦彥等人嚇壞了，把責任全推給李綱。欽宗為了討好金人，竟罷了李綱的官職。

消息一傳出，激怒了京城百姓。太學生陳東等人聯名上書，要求恢復李綱官職，罷免李邦彥一夥國賊。數萬軍民不約而同地聚集在皇宮門前，呼聲震天動地，把宮門前的「登聞鼓」都敲爛了。一些宦官來逞威風，立刻被憤怒的人們打死。

欽宗見眾怒難犯，只好恢復李綱的官職。金兵見京城士氣如此高昂，也決定退兵。

這一下，欽宗以為天下真的太平了，急忙派人去接太上皇回京。李綱提醒他要提防金兵再來。欽宗反而嫌他多事，把他調到外地去了。

靖康二年（西元1127年）二月，金兵果然再次南下，很快就打到了東京城下。欽宗不率領軍民抵抗，卻相信騙子郭京的鬼話，打開城門，讓郭京請「神兵」退敵。結果「神兵」沒來，金兵卻衝進城來，將國庫裡的財物珍寶搶掠一空。隨後他們便把徽宗、欽宗及皇族、百官3000多人，像牛馬一樣驅打著回大金國。北宋就此此滅亡。

黃天蕩

宋欽宗等人被金兵擄走後，康王趙構是唯一留在中土的皇家後裔。西元1127年夏天，趙構在南京（今河南商丘）即位，建立了南宋政權。趙構就是宋高宗。

趙構畏懼金兵，寧可放棄黃河以北的大片土地，逃到南方的揚州去。這樣，北方的軍事重鎮相繼落入金人手中。可金人並不就此滿足，他們看透南宋朝廷軟弱可欺，繼續向南大舉進犯。高宗嚇得瘋狂奔逃，先是到了鎮江，接著又逃到杭州。

西元1129年10月，金軍由四太子兀朮統率，分兩路南下，把宋高宗趕得無處藏身。最後，他只好逃到船上，在海面上漂泊。兀朮一直追到海邊，不見高宗蹤影，便放縱金兵在江南一帶燒殺搶掠了近半年，這才收兵北上。誰知，他在半路上卻讓韓世忠和岳飛狠狠地揍了幾次，還差點丟了腦袋。

韓世忠是延安人，出身貧苦，18歲就從軍，練得一身好本領，力大無比，作戰勇敢。他的夫人梁紅玉也是女中豪傑，懂戰略，精武藝，經常協助丈夫指揮作戰。自從金

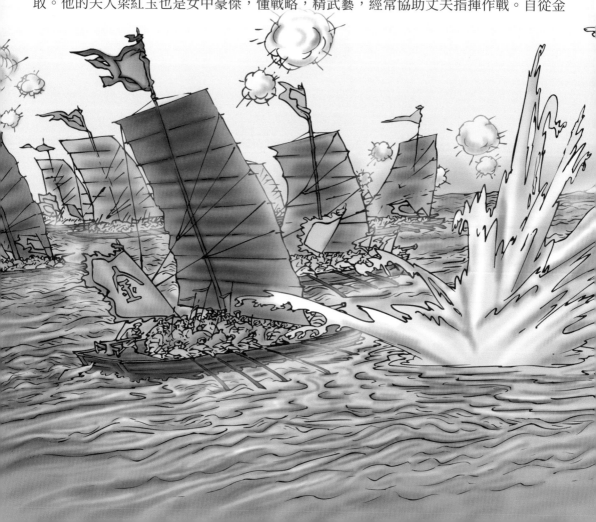

兵入侵以來，韓世忠曾兩次與金兵遭遇，卻都打了敗仗。現在他決心扼守長江，讓兀朮有來無回。

　　西元1130年3月的一天，兀朮領著10萬大軍準備從鎮江渡江。他們看見長江北岸佈滿戰船，宋軍戰旗迎風招展，心裡不禁有些害怕。可是聽說韓世忠只有8000水軍，兀朮又高興起來。他有10萬大軍，又有渡江作戰的經驗，對付區區8000人當然不在話下，於是下令開船，向對岸衝殺。可是一直打到天黑，金軍仍然沒能突破宋軍的防線，只見那艘插著「韓」字大旗的樓船巋然不動。兀朮很沮喪，只好收兵回營。

兀朮帶著4個親兵，爬上金山，準備從最高處的龍王廟窺探韓世忠的陣勢。韓世忠早料到他會有這一招，已在龍王廟裡安排下200名伏兵，山腳下也埋伏著200名精兵，要活捉金軍主帥。

　　兀朮大搖大擺走進龍王廟，忽然聽到一陣鼓聲，埋伏的宋軍衝殺過來。兀朮大驚失色，撥馬就逃。可惜山腳下的伏兵晚了一步，沒抓住兀朮，只抓住他的兩名隨從。韓世忠在樓船上觀望，看見兀朮逃脫，心裡非常惋惜。

　　兀朮差點送命，惱羞成怒，當即派人通報韓世忠，要在第二天決一死戰。這時梁紅玉對丈夫說：「敵眾我寡，不能跟他們硬拚，只能以智取勝。明天交戰時，我在正面防禦，用炮箭打擊金軍。將軍帶領左右兩軍，在側翼迎敵，以我在樓船上的旗子為號，我的旗子指向哪裡，將軍就打向哪裡。」

　　第二天，兀朮領著精兵強將幾萬人，駕著戰艦殺向江北。發現宋軍樓船上坐鎮的是一員女將，兀朮很納悶，卻也有幾分輕鬆。他以為女人難成大事，便傳令進攻。

　　梁紅玉見敵船越來越近，親手擊響了戰鼓。宋軍萬箭齊發，火炮齊鳴，人人爭先，個個奮勇，不一會就把金軍打得大敗，人死船破不可勝數。兀朮急忙掉轉船頭，準備逃跑，卻見一支宋軍迎面殺來。衝在前面大船上的正是韓世忠。兀朮不敢接戰，命令部將抵擋，自己轉舵逃跑。誰知剛跑沒多遠，又被一隊宋軍擋住。為首的還是韓世忠。兀朮心裡發虛，直喊「見鬼」。

　　這時，兀朮的女婿龍虎大王衝過來迎戰韓世忠，兀朮這才逃脫了。龍虎大王卻被宋軍用撓鉤拉進水中，活捉上岸。

　　兀朮損兵折將，知道難過韓世忠這道關，就派人去向韓世忠求情，說願意交出所有搶來的財物，只求放他們過江。韓世忠嚴詞拒絕了。

　　兀朮沒有辦法，只得率軍逆水向西，韓世忠則緊隨不放。金兵無路可走，竟全部退到了黃天蕩。

　　黃天蕩是個死港，只有進路沒有退路。兀朮不知底細，只管往裡退，被韓世忠封住了出路。

　　兀朮幾次組織突圍都失敗了，整天愁眉苦臉。他再次派人去求情借道，說如果韓世忠饒
了他這次，以後他再不敢南下。韓世忠大怒，說：「還我大宋的兩個皇上，恢復我大宋
的全部疆土，我就放他。否則我只能與他決一死戰！」

　　　江北的金兵得知兀朮被困，派小船前去接應。可是韓世忠的戰船守侯在江面，金兵
一出現，便分兩路上去夾攻。金兵的小船一隻接一隻沉入江底，後面的敵兵害怕了，趕
緊掉轉船頭逃回江北。兀朮垂頭喪氣，想不明白小船為什麼自己會沉。

　　　原來，宋軍的大船上都有用鐵鏈連接著的大鐵鉤，金兵的小船一靠近，宋軍就甩出
鐵鉤，鉤住小船，然後在大船上用力收緊鐵鏈，小船很快就被掀翻了。

　　兀朮在黃天蕩被圍困了48天，糧草將盡，士氣低落。自出兵侵宋以來，他第一次遇到如此強而有力的對手，第一次被打得如此狼狽。正在他走投無路，焦急萬分時，他的部將用重金收買當地的百姓，結果有個見利忘義的傢伙出來指點，說黃天蕩北邊有條淤塞已久的河道，只要把它挖通，就可通向秦淮河。

　　兀朮大喜，立即派兵日夜開挖。金兵被困久了，急於脫險，聽說有路可逃，都拚命挖河，30多里淤塞的河道很快就挖通了。夜裡，兀朮令士兵沿著河道悄悄爬行，天亮前全部到達上游的河口，立即放船入江。等到韓世忠的軍隊發覺，金兵的船隻已經大部分放入長江，他們邊逃邊射出火箭，阻擋追趕的宋軍。就這樣，金軍船隻逃脫出來，陸續到了長江北岸。

　　韓世忠因大意讓敵人逃脫了，但48天的圍困使金兵遭到前所未有的挫折，戰局也就此扭轉過來。

莫湏有

金國的滅宋之心一直不死。1140年，金人撕毀雙方簽訂的盟約，大兵南下。南宋軍民奮起反擊，不斷取得勝利。駐紮在湖北安陸的岳飛再次顯示出英雄本色。

岳飛是河南湯陰縣人，出生不久就遇上黃河氾濫。母親急中生智，抱他坐進一口大缸，隨波逐流，最後終於得救。在北宋將亡的危急關頭，母親在岳飛背上刺下「精忠報國」四個字，把他送進抗金隊伍。岳飛從軍後第一仗就打得不同凡響。那時趙構還是康王留在河北，有人將岳飛舉薦給趙構。趙構就命岳飛隨劉浩去東京解圍。走到滑州，突然碰上了金軍，岳飛單槍匹馬殺了進去，為打敗金兵立了大功。在這以後的幾次大戰中，他又屢立奇功，從普通士兵成長為軍將。他的部隊也被稱為「岳家軍」。

還有一年冬天，金兵攻佔了襄陽六州。岳飛聞報非常憤怒，連連上奏要求收復六州。隨後，他領著大軍僅用了3個月便將失地全部收復。當時岳飛只有33歲。

這次金兵再度入侵，宋高宗又記起了岳飛，馬上下了一紙飛詔，任他為少保，率兵支援中原。

岳家軍攻無不克，很快打到了黃河邊。岳飛讓部將張憲、牛皋（音《ㄠ）、楊再興等分頭行動，自己在郾城坐鎮指揮，準備實現他「收拾舊山河」的理想。

金軍主帥兀朮被岳家軍打得暈頭轉向。此時，他決定趁郾城空虛，以多打少，與岳飛一決雌雄。消息傳出，一時人心惶惶。

　　宋高宗更愁得吃不下飯，睡不好覺，特地下詔給岳飛，不許他「輕啟戰端」。可來傳達詔令的李若虛見岳飛從容鎮定，岳家軍士氣高昂，不但沒有強迫岳飛遵旨行事，反而勸岳飛繼續前進，要是皇上怪罪下來，責任由他來承擔。

　　岳飛很受鼓舞，每天派人前去叫戰。兀朮忍耐不住，精選15000輕騎兵，將戰馬一排一排地連在一起，起名叫「拐子馬」，打算一舉掃平郾城。

　　岳飛的兒子岳雲首先出戰，手持兩柄大鐵錘橫衝直撞。金軍無人敢擋，紛紛潰退。兀朮大怒，指揮「拐子馬」衝過來，中間夾著「鐵浮屠」。這是他訓練了多日的獨門陣勢。岳飛卻毫不驚慌，他讓士兵手持扎馬刀，步行入陣，不許抬頭上看，只管狠砍馬腿。結果「拐子馬」砍倒一個就墜倒一排，沒過多久就倒下一大片。幾個回合下來，金兵全亂了陣腳。兀朮大敗，逃回營中，為他的「拐子馬」放聲大哭。郾城大捷後，岳家軍又在臨潁、潁昌等地與金軍交鋒。岳家軍人數雖少，但無不以一當十，幾次把兀朮打

得大敗。岳飛乘勝進軍
到離汴京45里的朱仙鎮，
再次打敗金軍。兀朮逃進汴
京，連聲哀嘆：「撼山易，撼岳家
軍難！」

　　這幾場戰鬥滅了兀朮的威風，長了岳飛的志氣。金軍聞風喪膽，人心渙散。

這是抗金形勢空前大好的時候，岳飛滿懷豪情，發誓要「痛飲黃龍府」，他給宋高宗寫了奏疏，請求繼續北伐。可是他收到的，卻是讓他班師回朝的金牌！他嚇呆了，馬上又寫奏章請求北上。但是，高宗在一天之內連發12道金牌，讓驛使快馬加鞭送達岳飛手中，催促他班師。

岳飛手捧金牌，滿腔悲憤。他明白，一旦撤軍，收復大好河山的事業就徹底斷送了。可是君命不可違，岳飛不由得熱淚長流，發出絕望的哀嘆：「十年之功，毀於一旦！所得州郡，一朝全休！社稷江山，難以中興，乾坤世界，無由再復！」他心情沮喪地帶軍向南撤退。老百姓知道後全都失聲痛哭，紛紛跪在馬前，請求他不要走。岳飛又痛苦又慚愧，只得含淚把朝廷的金牌給大家看。

岳飛一撤，兀朮又舉兵南下，將岳飛攻佔過的州縣全都奪了回去。接著又開始南侵，從淮北一直攻向淮南。

原來，讓岳飛班師是秦檜的主意。南宋宰相秦檜是金朝的奸細。西元1127年，金兵擄走宋徽宗、宋欽宗和皇族、百官時，秦檜夫妻也被押北去。亡國君臣的處境十分悲慘，甚至比奴隸還不如。秦檜賣力地討好金人，終於獲得信任。金將撻懶讓他帶上徽宗的手書，領著老婆回到南宋，任務是勸宋高宗早日投降稱臣。宋高宗是個沒骨氣的人，一心想跟金人講和，正苦於找不到門路，可巧秦檜了解那邊的情況，於是讓他做了宰相。

　　岳飛的勝利，成了秦檜賣國投降的障礙。宋高宗見岳飛屢立戰功，恐怕他居功自傲，威脅朝廷，也想解除他的兵權。於是，一樁明目張膽地迫害忠良的罪惡勾當開始了。

　　岳飛一回到京城臨安，就被奪去兵權。秦檜和宋高宗立即派使臣去跟金人講和，條件是南宋向金國稱臣，割讓大片土地，每年進貢白銀25萬兩，絹25萬匹。

這樣，兀朮還很不滿意，又給秦檜寫信說：「你天天喊議和，但岳飛卻不忘北上，和大金王朝過不去。你必須除掉岳飛，否則就別想議和！」秦檜準備向岳飛下毒手，可是琢磨了好久，就是想不出給岳飛定罪的理由，於是讓他的親信們去想辦法，還說最好能從岳飛部將的身上下手。

秦檜的同黨張俊接受任務後，挖空心思要從岳家軍中找出個叛徒，最後找到張憲手下的副統制王俊。王俊接受了骯髒的銀子，和張俊的手下人一起編了個十分荒唐的故事，誣陷張憲想發動兵變，幫助岳飛奪回兵權，還說岳雲也參與了此事。

秦檜就根據這些誣告，先後逮捕了張憲和岳飛父子，用酷刑折磨，想逼迫他們承認有謀反的念頭。可是三人雖然受盡了酷刑，卻始終不承認強加在頭上的罪名。岳飛還憤怒地脫掉衣服，露出母親為他刺在背上的「精忠報國」四個字，給審案的御史中丞何鑄（音 ㄓㄨˋ）看。何鑄又看了王俊的狀子和一些所謂的證詞，發現全是謊言，就去找秦檜，要求撤掉這個案子。

秦檜很不高興，撤了何鑄的職，讓親信万俟卨（音 ㄒㄧㆤˋ）接手去審。可是，儘管万俟卨十分賣力，使盡各種惡毒手段，也沒能使岳飛屈服。

案子審了好久沒有結果，許多朝臣和百姓都替岳飛喊冤。老將韓世忠還當面質問秦檜，要他拿出岳飛父子謀反的真憑實據。秦檜吞吞吐吐地說：「這件事莫須有（或許有）吧？」韓世忠大怒說：「『莫須有』三個字怎能讓天下人信服！」到了紹興十一年（西元1141年）除夕，秦檜還是沒辦法讓岳飛認罪，心裡悶悶不樂。他的老婆王氏說：「縛虎容易放虎難。怎樣抓來的就怎樣殺掉不就完了？」

秦檜茅塞頓開，馬上密令万俟卨去辦理。万俟卨讓岳飛在事先編好的供詞上畫押。岳飛什麼也沒說，只寫了「天理昭昭，天理昭昭」8個字，表示自己強烈的抗議。然後，他被押到風波亭，喝下「御賜」的毒酒，含冤死去。岳雲和張憲隨之也被處死了。

這一年，岳飛才39歲。

岳飛被偷偷殺害的消息傳出，臨安的百姓悲憤異常，許多人放聲大哭。人們沒心思過年了，都在家門前擺上香案，把原來供奉給神仙或祖先的東西拿來祭祀岳飛。

20多年後，宋孝宗將岳飛平反，追封岳飛為「鄂（音 ㄜˋ）王」，還在臨安西湖邊給岳飛修了一座廟，供後人憑弔紀念。

121

鐵骨丹心文天祥

當宋金兩國打得天翻地覆時，北方的蒙古族還處在游牧時期，經濟文化十分落後。西元1206年，成吉思汗打敗了所有對手，建立了統一的大蒙古國，蒙古族迅速強大起來。

西元1230年，蒙古軍派人到南宋，商議蒙、宋聯合滅金的事。一向對金人低三下四的南宋此時雖然內部腐敗成風，奸臣當道，卻對聯蒙滅金很感興趣，遂派大軍與蒙古軍會師。西元1234年初，在蒙宋兩軍南北夾擊下，金主無路可逃，拔刀自殺。金朝滅亡了。

蒙古人吞掉大金國之後，立刻就把南宋定為下一個滅亡的目標。西元1271年，忽必烈將蒙古國都遷至大都（今北京），立國號為「元」，自稱皇帝（即元世祖），開始對南宋大舉進攻。

西元1274年，元軍長驅直入，逼近南宋的都城臨安。這時宋朝在位的皇帝是年僅4歲的宋恭帝，由謝太后聽政。聽說元軍來了，朝中一片驚慌，大臣接二連三悄悄逃跑，往日森嚴莊重的朝廷變得門可羅雀，謝太后升殿後竟沒有一個大臣上朝；詔令各地起兵救援京城，也很少有人回應。皇帝和太后孤兒寡母、只能相對落淚。

文天祥是科場狀元，這時任贛州知州，得知京都危在旦夕，他立即捐出全部家產，招募了3萬多人馬，親自率領，要去挽救危局。朋友為他擔憂，勸他說：「元軍分3路進攻，氣勢洶洶。你領著幾萬名烏合之眾去抵擋，不等於趕著羊群去對抗猛虎嗎？」

文天祥回答說：「我何嘗不知道這些。但國家養兵多年，到危急時卻沒有一兵一卒可

用，這太讓人氣憤了！我之所以挺身而出，就是準備犧牲自己，希望以此激勵天下志士，起來保衛國家。」

　　文天祥趕到臨安，和另一個愛國將領張世傑一起，向南宋朝廷建議集中兵力迎戰元軍。右丞相陳宜中卻不敢接受這個建議。這時元軍離臨安只有30里路程了，謝太后只得派人去獻玉璽，請求投降。可是元軍大將伯顏一定要南宋丞相來談。陳宜中不願當亡國的罪魁禍首，偷偷溜掉了。張世傑不肯輕易投降，乘船出海去了。

　　派誰去談判呢？謝太后
急得心如火燒時，文天祥站出來
說：「我去！」於是，謝太后讓文天
祥接替陳宜中右丞相的職位，代表朝廷去與元軍談判。文天祥來到伯
顏的大營，他斥責元軍無理侵犯宋朝，要求元軍退到平江或嘉興，以表示和談的誠意，
並警告說：「如果元人一定要亡我大宋，南方軍民會誓死抵抗到底！」

　　伯顏本來以為宋朝連傳國玉璽都交了，文天祥只能談投降的條件，沒料到他竟要求
元軍撤退，不由得發怒說：「文丞相，別忘了你是在什麼地方，你是來幹什麼的！宋朝
不中用了，我勸你還是歸順大元為好。」文天祥說：「我是宋朝的狀元、丞相，只求一
死報國。我不知道什麼叫歸順！」

伯顏見文天祥鐵骨錚錚，氣度非凡，心裡很佩服，卻也明白他對元朝來說是個危險人物，於是把他扣留住，只放他的隨從回去，催促南宋朝廷趕緊投降。

西元1276年春天，臨安使臣向伯顏送上了投降書。元軍開進臨安，把南宋君臣連同官府收藏的各種寶物收拾一空，運往大都。至此，南宋王朝實際上已經滅亡了。

文天祥也被押往大都，途中他趁元軍不注意逃了出來。他歷盡千辛萬苦來到福州，找到了陸秀夫等南宋大臣新立的小皇帝趙昺（音ㄅㄧㄥˋ），同時被任命為右丞相，立即開始組織抗元行動。

文天祥領導數萬兵馬在江西與元軍決一死戰，結果大敗元軍，收復了贛州，一時名聲大振。元朝急忙調兵反攻，文天祥退到潮州。有一天，他們正在埋鍋做飯，不料被元軍偷偷包圍。文天祥不幸被俘。元軍統帥張弘範逼他給其他抗元將領寫信，讓他們放棄

抗戰，歸順元朝。文天祥笑
笑說：「我不能救自己的父
母，已經是罪過，怎麼會
勸別人背叛父母呢！」

　　西元1279年正月，張弘範押著文天祥，乘船去攻打退
守到崖山的宋帝。途經零丁洋時，文天祥寫下了傳誦千古的詩句：「人生自古誰無死，
留取丹心照汗青。」

　　崖山失守後，陸秀夫背起小皇帝趙昺，跳進了茫茫大海。張弘範舉行慶功宴會，特
地請來文天祥，不無懇切地說：「宋朝徹底完了，丞相已盡了一腔忠孝。只要你回心轉
意，我朝也會任你為宰相。」文天祥流著淚說：「國破家亡，我不能挽回時局，死也不
足以抵罪，又怎麼能苟且偷生，當你們的官呢？」

張弘範敬重文天祥是錚錚鐵漢，也不為難他，只派人將他押往大都。在路上，文天祥曾絕食8天，竟然沒死。到大都後，他被安排在賓館裡，好好招待。宋朝的叛徒來勸降，被他罵得抬不起頭來。蒙古人只好把他移到兵馬司衙門，戴上了手銬腳鐐。

一天，元朝丞相博羅提審文天祥，讓他下跪。文天祥不從。博羅便命令手下人強迫他，文天祥就是不肯彎曲自己的身體，昂首說道：「國家有興有亡，大臣命運不同。我是宋朝臣子，既然失敗，只求早死。讓我屈服，休想！」

博羅通曉古今，能言善辯，卻始終說不服文天祥，他惱羞成怒地說：「你要死，我偏不叫你死，一直關下去，看你怎麼樣！」於是他把文天祥關進一間低矮潮濕、又髒又臭的牢房。文天祥在這裡度過了3年，被折磨得不成人形，卻寫下了驚天地、泣鬼神的《正氣歌》。

文天祥成了一面旗幟，對反元的群眾具有極大的號召力。因此，元世祖忽必烈親自對他進行了最後一次勸降，再次遭到拒絕後，決定殺死他。

西元1283年，在大都的柴市刑場，文天祥問清方向，朝南拜了幾拜後，從容就義。

圖說歷史故事 —— 隋唐五代兩宋

編　　寫	陳金華
繪　　畫	楊學成
發 行 人	林敬彬
主　　編	楊安瑜
策　　劃	康　琳、胡　剛
編　　輯	蔡穎如、黃珍潔、盧琬萱、林奕慈
內頁編排	泰飛堂設計
封面設計	泰飛堂設計、蔡致傑
編輯協力	陳于雯、林裕強
出　　版	大旗出版社
發　　行	大都會文化事業有限公司
	11051 台北市信義區基隆路一段 432 號 4 樓之 9
	讀者服務專線：（02）27235216
	讀者服務傳真：（02）27235220
	電子郵件信箱：metro@ms21.hinet.net
	網　　　　址：www.metrobook.com.tw
郵政劃撥	14050529 大都會文化事業有限公司
出版日期	2019 年 05 月修訂初版一刷
定　　價	320 元
Ｉ Ｓ Ｂ Ｎ	978-986-97047-7-9
書　　號	History-101

Metropolitan Culture Enterprise Co., Ltd.

4F-9, Double Hero Bldg., 432, Keelung Rd., Sec. 1,

Taipei 11051, Taiwan

Tel:+886-2-2723-5216　Fax:+886-2-2723-5220

E-mail:metro@ms21.hinet.net

Web-site:www.metrobook.com.tw

國家圖書館出版品預行編目（CIP）資料

圖說歷史故事：隋唐五代兩宋　／陳金華編寫；楊學成繪畫.
-- 修訂初版 -- 臺北市：大旗出版：大都會文化發行，2019.05
128 面；17×23 公分 . -- (History-101)
ISBN 978-986-97047-7-9(平裝)

1. 中國史 2. 歷史故事

610.9
108005503